U0362331

本书为国家社会科学基金项目：购房政策驱动房地产市场健康发展的
长效机制与影响效应研究（23BJY246）的阶段性成果

长租公寓对社区住房价格的 影响研究

以天津市为例

刘广平◎著

南开大学出版社
NANKAI UNIVERSITY PRESS

天　津

图书在版编目(CIP)数据

长租公寓对社区住房价格的影响研究：以天津市为例 / 刘广平著. -- 天津：南开大学出版社，2024.12.
ISBN 978-7-310-06666-7

Ⅰ. F299.272.1

中国国家版本馆 CIP 数据核字第 2024QZ7794 号

长租公寓对社区住房价格的影响研究——以天津市为例
CHANGZU GONGYU DUI SHEQU ZHUFANG JIAGE DE
YINGXIANG YANJIU——YI TIANJINSHI WEILI

南开大学出版社出版发行

出版人：王　康

地址：天津市南开区卫津路 94 号　　邮政编码：300071
营销部电话：(022)23508339　营销部传真：(022)23508542
https://nkup.nankai.edu.cn

天津泰宇印务有限公司印刷　全国各地新华书店经销
2024 年 12 月第 1 版　　2024 年 12 月第 1 次印刷
210×148 毫米　32 开本　5.375 印张　2 插页　120 千字
定价：36.00 元

如遇图书印装质量问题，请与本社营销部联系调换，电话：(022)23508339

前　言

　　长租公寓因其租期灵活、专业的物业管理和丰富的社交机会等优点，对社区健康发展及与其他产业融合具有重要意义。随着城市化进程和人口流动的加剧，中国住房市场正经历转型升级的关键阶段，长租公寓拥有高品质的住房租赁模式，市场规模有望持续扩大。与传统租赁方式相比，长租公寓不仅提供了更高的居住品质和专业服务，也为投资者提供了更多选择，促进了租金流动和配置，同时推动了房地产行业的创新和发展。

　　早在 1979 年，中国已经开始出现长租公寓的雏形，当时几乎所有的合资酒店都提供长租公寓服务。2008 年后，随着金融危机的爆发和房地产市场的调整，选择租房而非购房的群体开始增加，推动了长租公寓市场的迅速扩展。2015 年，住房城乡建设部发布了《关于加快培育和发展住房租赁市场的指导意见》，提出多主体供给市场，鼓励地产公司积极参与；同时，中国流动人口规模首次超过 2 亿，租房需求迅速增长。此后多家国企和大型民营企业进入长租公寓市场，如万科泊寓、龙湖冠寓、保利 UOKO 等占据了一定市场份额。全国 50 强房地产企业中约三分之一开始布局长租公寓，同时中小企业在国企和大型企业的带动下纷纷进入该市场。

长租公寓目前在全国各省市蓬勃发展，特别是大中城市纷纷出台相关政策以促进租赁市场的健康发展，天津市政府对长租公寓项目的实施和管理高度重视。近年来，政策引导作用逐渐显现，天津市长租公寓市场稳步增长，但市场规模和利润仍有限，政策扶持、规划布局以及监管体制等方面仍存在一些薄弱环节和有待解决的问题。因此，为了更全面评估长租公寓发展对房地产市场的影响，需深入研究天津市长租公寓对社区住房价格的影响。这不仅能从实践层面上为长租公寓选址提供意见参考和借鉴，还能从理论层面上有助于丰富房地产价格形成机制以及长租公寓建设溢出效应的研究领域，为长租公寓行业研究提供新的视角和思路。本研究以此为出发点，深入分析了天津市长租公寓的发展现状，并从多重视角、采用多种适用的方法对天津市长租公寓对社区住房价格的影响效应进行深入分析，为推动社区房价健康发展、促进住房租赁市场稳定发展做出贡献。概括起来，本研究的主要研究内容与研究成果涉及以下四个方面。

　　一是从宏观层面深入阐述天津市长租公寓所处的政策环境、社会环境、经济环境以及市场规模、区位分布特征等情况，旨在了解天津市长租公寓的发展现状。同时，从资产空间分布角度将长租公寓分为集中式和分散式分别研究，为后续对长租公寓研究样本的选择提供基础。研究结果表明，天津市长租公寓市场具有一定的规模，区域分布主要集中在市内六区，在政策、经济和社会等宏观方面具备蓬勃发展的良好基础。

　　二是集中式长租公寓对社区住房价格的影响研究。本研究以创新人文经济地理学分析方法为基础，通过对传统的特征价格评估模型进行空间计量经济学的改进，将多期双重差分模型与空间计量模型相结合，从多视角对集中式长租公寓对周边房价的影响进行时空效应的实证检验，并评估出集中式长租公寓对周边住房价格的影响差异和影响趋势。研究结果表明，天津市集中式长租公寓对周边房价整体呈现负向影响效应，对不同距离环内住宅社区的房价呈现不同的抑制作用，并且随着天津市集中式长租公寓数量的增加，其对周边房价的抑制效果会更强。

三是分散式长租公寓对社区住房价格的影响研究。首先，通过使用爬虫技术从自如、相寓、美丽屋等分散式出租公寓品牌官网以及房天下网站获取长租公寓的区域位置、房屋特征、社区名称等数据。其次，通过 Python（一种解释性的计算机程序）抓取包括高德地图 POI（Point of Interest，兴趣点）数据、政府规划信息、生活服务网站等开源网络数据在内的区位环境指标数据。根据采集的信息用 ArcGIS 软件（一个绘制地图的工具）构建天津市住宅社区空间数据库。利用 ArcGIS 的缓冲区分析功能以长租公寓项目为中心建立环状缓冲区，计算其到周边住宅社区的距离，确定周边住宅社区样本。最后，通过叠加分析计算出各个样本小区的部分特征变量指标，运用普通最小二乘法（OLS）和倾向得分匹配法（PSM），从房价和租金两个层面分析分散式长租公寓对社区内住房价格的影响。研究结果表明，分散式长租公寓提高了社区内房价水平，但是降低了社区内普通租赁住房租金。分散式长租公寓份额与社区内房价呈正向关系，与社区内普通租赁住房租金呈负向关系。

四是天津市长租公寓发展的对策建议研究。针对天津市集中式和分散式长租公寓发展特点与发展规模的分析结论，并结合其对周边社区房价影响的实证研究结果，本研究从政策、规划、管理、运营、监管等方面提出促进天津市长租公寓健康发展的对策建议。具体包括：对于集中式长租公寓应完善政策配套性、提高居民接受度、强化数据管理、建立监测评估体系、合理布局和规划；对于分散式长租公寓应健全价格监管机制、多渠道实现增加分散式长租公寓供给数量、发挥分散式长租公寓的社区更新功能。

本书为国家社会科学基金项目"购房政策驱动房地产市场健康发展的长效机制与影响效应"（23BJY246）的阶段性成果。感谢张果、安晓燕在数据搜集与处理、文稿校对等方面的贡献。由于时间仓促且作者水平有限，本书难免会有一些不足，敬请广大读者批评指正。

刘广平

2024 年 8 月

目 录

第一章 绪 论

本章将对本研究的研究背景、研究目的及意义进行介绍，详细阐述研究内容及开展本研究所使用的方法，绘制本研究的技术路线图，以清晰展示研究思路。

第一节 研究背景与意义

一、研究背景

我国正面临着城镇化推进和经济发展所带来的诸多挑战，其中之一便是流动人口数量急剧增加所带来的住房问题。近年来，我国流动人口规模总体呈现上升趋势。例如，2016 年全国流动人口为 2.45 亿，到 2021 年增长至 3.85 亿[1]。国家发展和改革委员会的调查显示，流动人口的定居意向受到多种因素的综合影响，这些因素涵盖了薪资收入、职业前景以及房价等方面。为解决新市民和流动人口的住房问题，中央和地方政府不断探索房地产市场健康发展的新模式。目前，我国住房市场已经形成了由政府和市场供应共同构建的二元结构。这一结构涵盖了公租房、廉租房、保障性租赁住房、长租公寓等多种房屋品类。其中，公租房和廉租房主要服务本地市民，而保障性租赁住房则主要面向符合条件的新市民、青年人和各类人才。住房供给尽管存在多种品类，但仍然无法满足庞大的流动人口的居住需求，绝大多数流动人口仍然依赖市场上的租赁住房来解决居住问题。《2021 中国城市租住生活蓝皮书》预测，到 2030 年，我国租房人口将达到约 2.6 亿人，这表明我国住房租赁市场需求持续旺盛。

然而传统的住房租赁市场存在稳居难、环境差等诸多问题，难以有效保障租房群体的居住权益。因此我国迫切需要建立健全住房租赁市场，优化房地产市场供给侧结构，在需求侧更加积极地满足民生需求，促进住房租赁市场健康发展[2, 3]。2021 年和 2022 年中央政府工作报告相继强调，加快发展长租房市场，鼓励出租人与承租人签订长期房屋租赁合同，逐步使租购住房在享受公共服务上具有同等权利。2023 年的中央政府工作报告再次强调，要解决新市民、青年人等群体的住房问题，支持完善多渠道供给的住房保障体系，并积极探索长租房市场建设。作为住房租赁市场的关键组成部分，长租公寓不仅是响应多渠道供给和建立健全租购并举住房制度的关键组成部分，还能避免传统出租模式的弊端，在需求侧更有效地满足租户对住房品质和服务的要求。在此背景下，为打通住房保障体系和住房市场化体系，推动长租公寓的快速发展，各地纷纷将长期租赁住房建设纳入"十四五"规划，并提出一系列支持性政策，涵盖土地供应、财税以及金融等多个方面。综上可知，长租公寓作为构建多层次、产权多元化住房供给体系的重要组成部分，具有推动房地产市场稳定和健康发展的潜力，将会成为实践界和学术界关注的重要话题。

目前，关于邻近房产开发项目对某个特定市场房价影响的研究有很多，比如有学者对经济适用房、补贴住房、公共租赁住房等与周边住宅社区住房价格之间的关系展开了深入研究，但目前少有长租公寓对周边住房价格影响效应的微观研究，因此长租公寓项目对周边住宅社区房价会产生何种影响尚不清晰。深入研究长租公寓对周边住宅社区房价影响效应及时空异质性，不仅有助于丰富长租公寓溢出效应理论，还可为政府部门开展长租公寓的规划、建设和运营等规制工作提供科学的政策参考。

综上，为了能因地制宜采取措施以稳定房价，实现长租公寓资源的优化配置，本研究试图对天津市长租公寓与周边社区住房价格之间的关系进行探究，主要讨论以下几个方面的问题：一是天津市长租公寓的发展现状如何？二是天津市长租公寓对周边社区住房价格是否存在影响？若存在影响是正向影响还是负向影响？是如何产生影响的？三是集中式长租公寓和分散式长租公寓对周边社区住房价格的影响分别是怎么样的？是否存在着空间异质性？四是天津市长租公寓对周边社区住房价格的影响效果是否会随着时间的推移而发生变化？五是周边社区住房价格受到的影响是否会随着长租公寓数量的增加而有所不同？

二、研究目的及意义

（一）研究目的

在人口结构变化、住房消费观念转变以及政策支持合力推动的背景下，由于资产流动性的提升和可规模化的优势，我国长租公寓行业展现出极具潜力的发展前景，因此围绕"长租公寓"的研究将成为未来实践界和学术界关注的焦点之一。本研究以长租公寓发展较为成熟的天津市为案例，旨在对其与周边社区住房价格之间的关系进行实证分析。研究目的主要有以下三点。

第一，理解天津市长租公寓行业发展的背景和特点，在此基础上分析其对周边房价的影响趋势，把握其在房地产市场中的地位和作用。具体来说，以"集中式长租公寓开业""分散式长租公寓"为准自然实验，以天津市为例，基于住房价格角度研究集中式长租公寓与房地产市场之间的关系，多角度探究天津市住宅价格空间分异的影响因素，进而为引导天津市长租公寓行业健康发展提供参考建议，为房地产市场稳定发展做出贡献。

第二，通过对传统的特征价格评估模型进行空间计量经济学的改进，本研究将多期双重差分模型与空间计量模型相结合，从多视角对集中式、分散长租公寓对周边社区住房价格的影响进行时空效应的实证检验，并评估出不同类型的长租公寓对周边住房价格的影响差异和影响趋势。这些效应包括空间溢出效应、空间异质效应和时间效应，并分析其背后的原因。

第三，本研究得出的规律性结论能为制定合理的房价调控和土地利用政策提供参考。这些政策将有助于促进天津市长租公寓行业和住房市场的健康发展，并为实现城市空间与区域人地系统的可持续重构提供指导。

（二）研究意义

本研究从城市二手房交易的微观数据入手，在特征价格模型的基础上运用空间计量方法对天津市集中式长租公寓及其周边二手房成交价格进行定量的分析研究。本研究从多角度探究城市住宅价格空间分异的影响机制，有助于优化城市住房供给结构，为相关政策的制定如土地利用规划、住房租赁政策等提供参考。

1. 理论意义

长租公寓行业目前正处于迅速发展阶段，现有的研究主要聚焦长租公寓品牌价值、营销对策、融资模式、行业发展前景趋势等宏观战略层面。然而其发展对周边社区住房价格是否会产生重要影响，这一点尚未得到充分的研究和认识。因此，深入研究长租公寓对社区住房价格的影响效果的时空异质性，不仅能够丰富房价影响因素研究和房价驱动机制研究，还能为长租公寓行业研究提供新的视角和思路，丰富长租公寓研究的理论框架，有助于深化对房地产市场运行规律的理论认识。

2. 实际意义

房地产市场调控一直是政府工作的重中之重，随着城市化进程的加快和人口流动量的增加，长租公寓作为一种新型住房形态，正在迅速崛起，然而其发展给传统的房地产市场带来了新的挑战。在国家层面，通过研究长租公寓在不同发展阶段和距离对周边社区住房价格的影响，当地政府可以更准确地评估长租公寓发展对房地产市场的影响程度，及时发现市场中的潜在风险因素，从而制定更科学、针对性更强的房地产调控政策。在城市层面，研究结果有助于市场监管部门更好地了解城市住房租赁市场的供需状况，从而采取相应措施促进市场供需平衡，保障市场稳定，促进市场的规范化和健康发展。在企业层面，研究结果不仅有助于长租公寓企业更好地了解自身的市场影响力和发展定位，从而合理规划项目布局，优化投资和开发，还能帮助其了解市场需求和用户偏好，从而提升服务品质，提高客户满意度，增强企业竞争力。

第二节　研究内容与方法

一、研究内容

本研究共分为六章，主要内容包括以下几个方面。

第一章，绪论。本章简要介绍研究背景、研究目的和意义，通过整合国内外相关的各类文献和研究成果，梳理提炼文献的研究方法、研究内容及重点，总结归纳出本研究的研究框架与研究思路，确立研究内容之间的逻辑关系，阐述研究目的和研究意义，为后续章节论述打下基础。

第二章，相关概念、理论基础与文献综述。本章主要对长租公寓的概念、特点进行归纳，从区位理论、供求理论、外部性理论三方面确定本研究的理论基础，并对国内外长租公寓的相关研究进行综述，明确指出本研究的研究重点和方向。

第三章，天津市长租公寓发展现状。本章旨在分析天津市长租公寓发展的宏观环境、市场规模和区位分布特征，对天津市长租公寓特点和样本选取原因进行详细介绍，能够为后续研究设计和实证检验提供基础。

第四章，集中式长租公寓对社区住房价格的影响研究。本章通过分析集中式长租公寓对社区住房价格的影响机理，提出相关研究假设，选取合适变量，构建相关模型。主要包括：第一，基于特征价格模型将长租公寓与住宅社区的距离作为一个单独住宅特征变量，代入天津市住宅特征价格模型中进行模型的拟合和检验，从而确定集中式长租公寓对周边社区住房价格的影响范围；第二，构建多期双重差分（HDID）模型，加入时间虚拟变量和研究半径环变量的交互项以便捕捉开业前后时间变化效应；第三，为进一步校准基准特征价格模型回归结果，产生相对更全面和稳健的实证估计结果，扩展 hedonic 模型（一种经济学模型，用于处理异质产品特征与产品价格关系），采用空间滞后模型（SLM）和空间杜宾模型（SDM）以捕捉交易价格的空间自相关程度；第四，为了进一步提高研究结果的可信度，采用平行趋势检验、同时随机化政策发生时间和处理组的安慰剂检验及倾向得分匹配检验这三种方法进行稳健性检验；第五，从宏观层面探究集中式长租公寓对周边社区住房价格影响的空间非均质性，分别对中心城区、环城区和远郊区进行异质性分析；第六，考虑到集中式长租公寓数量对周边社区住房价格影响程度的不同，进一步将研究样本分成受单个和多个集中式长租公寓影响两部分，分别探究其对社区住房价格的影响。

第五章，分散式长租公寓对社区住房价格的影响研究。本章基于前文的文献梳理及理论基础，归纳出分散式长租公寓对周边社区住房价格的影响机理，并提出相关研究假设、选取合适变量、构建相关模型。主要包括：第一，基于横截面数据运用多元回归方法来衡量分散式长租公寓对社区内住房价格和普通租赁住房租金的影响；第二，基于特征价格模型，从房屋特征、社区环境和区位特征角度寻找最佳协变量进而评估被解释变量和解释变量之间的关系；第三，采用倾向评分匹配法，通过控制处理组与控制组协变量的取值大致相等从而达到变量选择近似随机的目的，进而确定社区的房屋价值是否受该社区分散式长租公寓的影响；第四，基于特征价格模型，并运用多元回归分析分散式长租公寓份额对社区住房价格影响效应。

第六章，研究结论与政策建议。主要包括研究所得出的结论、政策建议及未来研究展望。根据本研究所得出的结论，提出有针对性的政策建议，指出本书的研究不足并对未来进行展望。

二、研究方法

本研究综合运用文献研究法、实地调查法、模型分析法、GIS空间分析法和比较分析法。

（一）文献研究法

通过整理国内外学术文献、期刊、政策文件和研究报告等资料，本研究对集中式长租公寓的研究现状有了更深入的了解，并从理论和实践两个层面对其进行了全面的分析。在此基础上，本研究深入挖掘集中式长租公寓对房地产市场影响的内在规律和机制，探索两者之间的互动规律和作用效果。在这一过程中，本研究建立了完整的研究体系，旨在为实证研究提供坚实的理论支撑。

（二）实地调查法

为获取天津市长租公寓的开业时间及真实运营情况，本研究选择具有代表性的门店进行实地考察和询问调查。

（三）模型分析法

本研究主要应用了特征价格模型、倾向得分匹配模型、多期双重差分模型、空间滞后模型和空间杜宾模型。通过收集集中式长租公寓项目的关键时间点、周边二手房住宅交易数据及其他相关数据，构造时间和分组虚拟变量。一方面采用统计学面板数据固定效应的回归方法构建出基准特征价格模型来解释一系列房产的特征和位置属性，另一方面加入时间虚拟变量和距离变量的乘积作为交互性分析集中式长租公寓开业时间前后对周边社区住房价格的差异，运用倾向得分匹配模型进一步排除社区本身特征、区位因素等社区内在因素对社区房屋价格的影响，从而进一步证实分散式长租公寓会影响社区内房价的结论。

（四）GIS 空间分析法

首先，本研究根据采集的信息，用 ArcGIS 软件构建了天津市住宅社区空间数据库（包含样本小区、天津市医院诊所、幼儿园、中小学、超市、公交和地铁站点等的空间坐标和属性数据等）。其次，在现实中长租公寓对周边社区住房价格的影响主要通过向外辐射的方式产生，因此本研究采用 ArcGIS 的缓冲区分析功能，以集中式长租公寓项目为中心建立环状缓冲区，计算长租公寓到周边社区的距离，确定周边社区样本。最后，进行叠加分析，计算出各个样本小区的部分特征变量指标，为后续的实证分析做铺垫。

（五）比较分析法

本研究将不同开业时间节点和区位的集中式长租公寓项目进行横向比较，分析集中式长租公寓对周边社区住房价格影响的时间动态趋势效应和空间异质效应；将有、无分散式长租公寓社区内房价水平和普通租赁住房租金进行对比，分析分散式长租公寓对周边社区住房价格和普通租赁住房租金的差异化影响。

第三节　研究技术路线

首先，本研究在对相关文献进行梳理的基础上，分析了国内外长租公寓的基本情况，并对集中式长租公寓和分散式长租公寓的发展环境、发展规模等进行了剖析。其次，以天津市长租公寓为例，遵循"提出问题—分析问题—解决问题"的研究思路，多角度、多方法地分析了集中式和分散式长租公寓对周边社区房价的影响，并提出了促进天津市长租公寓市场发展的对策建议。最后，对本研究的研究结论进行了总结与展望。本研究的技术路线详见图 1-1。

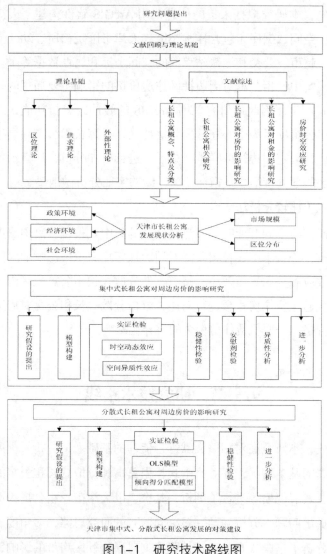

图 1-1　研究技术路线图

第二章 相关概念、理论基础与文献综述

本章简要说明了长租公寓的概念、特点、主要运营模式，介绍了相关的理论基础，并总结了国内外关于长租公寓的研究现状与涉及房价时空效应的研究现状，为后文对长租公寓的进一步研究打下了理论基础。

第一节 长租公寓相关概念

一、长租公寓的概念及特点

公寓是指将一栋建筑物（通常是多层住宅）分割成多个独立的住宅单元，每个单元独立出售或出租给不同的居民居住的住宅形式。长租公寓是以租赁为主要经营方式的一种住房形态，对应的是短租公寓即"日租房"，两者是根据消费者的租赁期限长短划分的。在《中华人民共和国民法典》中，并没有对长、短租公寓进行明确的界定。《商品房屋租赁管理办法》第四条第二款规定："县级以上地方人民政府建设（房地产）主管部门负责本行政区域内房屋租赁的监督管理。"各个地方所执行的标准并不一样，但普遍认为短租公寓为

租赁期限在一个月以内的公寓，被公安机关纳入监管范围；租赁期限超过一个月的公寓为长租公寓，由房地产主管部门监管。因此，从政府部门监管的角度出发，长租公寓的租赁期限应大于等于一个月。综上所述，长租公寓是指租赁期限大于等于一个月，并在租赁期限内为租户提供酒店式服务的多户集合式住宅。长租公寓具有以下几方面特征。

（一）长期租赁

长租公寓的租期通常较长，一般为一年或一年以上，这使得租户可以享受到相对稳定的居住环境，减少因频繁搬家而带来的不便和成本。

（二）统一管理

长租公寓由专业的运营商进行统一管理，包括房屋的装修、维护、清洁等方面，租户只需支付租金即可享受到高品质的居住环境。

（三）高品质居住体验

长租公寓注重居住环境的品质和舒适度，能提供高品质的装修、家具配置以及完善的社区服务与配套设施，满足租户对居住品质的需求。

（四）社交属性

长租公寓往往聚集了大量的年轻租户，形成了一个相对集中的社群，为租户提供了更多的社交机会和资源共享的可能性。

（五）灵活性

长租公寓的户型和面积通常有多种选择，租户可以根据自己的需求和预算选择合适的房源。同时，长租公寓通常位于城市中心或交通便利的地段，也为租户提供了更多的便利和灵活性。

长租公寓以集中式和分散式两种业态模式为主。

集中式运营模式多运用于中介系、房企系长租公寓，长租公寓平台评估租客有意愿承租的地段，选择工业楼、住宅或者商业楼，大规模进行房屋改造和设施完善，同时提供精准物业服务。在装修方面，运营商可根据大众需求或部分个性化需求对房间布置进行设计。与传统的租赁住房相比，长租公寓提供的设备齐全，服务周到，承租人选择更多。在物业服务中，长租公寓提供保洁、维修以及其他需求服务，既顺应时代潮流也利于租客建立社交活动的公共区域。集中式长租公寓相对于分散式长租公寓可帮助平台快速获取大量房源，降低平台前期寻找房源的人力成本，在运输材料、装修和管理方面成本相对较低，因此租金水平相对较低且交通比较便利，易于出租。

分散式长租公寓运营模式一般为轻资产模式，企业通过租赁或受托方式取得房源，收益大多来源于租金差或者物业管理等。分散式运营模式下，由于房屋并非集中租赁，位于城市不同地区，面临与其他运营商抢夺房源的问题。分散式长租公寓前期获取房源付出成本相对较高，倾向于"高收"策略。这种模式多为初创企业所选，因其只能凭借价格优势获取房源，无需高额不动产投入，只需利用资金收购出租房源然后赚取差价。该模式准入门槛较低，有利于初创企业快速扩张，使其抢先在业内占有一席之地。近两年分散式公寓市场出现两极分化，头部企业占据较大市场份额。早在 2019 年自如管理房源即突破 100 万间，而其他排名靠前的部分分散式长租公寓管理房源仅十几万间。该种模式使房源分散的企业无法提供集中化服务，降低了管理效率与品质。无论是"高进低出"，还是"长收短付"，都放大了分散式运营模式的缺陷和风险系数。

二、集中式长租公寓的概念及特点

集中式长租公寓是长租公寓的一种类型，具有长租公寓的基本特征，同时具有以下特点。首先，房源通常集中在一栋楼或某几层内，并且地理位置优越；其次，租户通常涉及企业高管、留学生、青年白领等，长租公寓通常提供专属的公共活动空间，促进租客之间的交流互动；最后，长租公寓通常综合考虑租户和租赁运营机构的利益，最终的品牌运营和统一装修改造交由专业机构完成。综合上述分析，本研究已对集中式长租公寓进行了概念界定。具体而言，集中式长租公寓指的是租期超过 6 个月，由专业的公寓管理机构统一运营和管理，房源通常集中分布在几层楼或整栋楼内，并提供公共区域维护和设施共享等服务的市场化租赁住房。

与普通租赁住房的最大区别在于，首先集中式长租公寓机构是租赁服务（挂牌签约和物业管理）的提供者和空置风险的承担者，并且出租模式也更多样化；而普通租赁住房空置风险往往是由业主承担的。其次，集中式长租公寓的房源获取渠道丰富多样，包括收购、包租、自有、与开发商合作等多种方式；而普通租赁住房的房源大多来自住房所有者。最后，随着租赁社区等场景化住房业态的不断发展，集中式长租公寓凸显出了社交属性，这使得它更容易吸引客户并增加客户的黏性。综上，集中式长租公寓具体特点如表 2-1 所示。

集中式长租公寓有利于长期品牌效应的形成，从长远来看，其收益是可观的。许多房地产开发商和中介机构纷纷进军集中式长租公寓市场，典型的代表企业包括万科、旭辉、龙湖等地产开发商，以及爱上租、魔方等中介机构。截至 2021 年 7 月，万科旗下的集中式长租公寓品牌泊寓已经在全国 33 个城市开设，提供了 14.7 万间优质房源，为 52 万名城市青年提供了服务。龙湖地产在 2016 年推出的长租品牌"冠寓"经过多年发展，开业间数和出租率稳步上升，单是整体出租率就从 2017 年的 46% 增长至 2021 年的 92.9%，2021 年冠寓宣布实现盈利 1.4 亿元，成为公开宣布盈利的首个房企租赁企业。

表 2-1　集中式长租公寓特点

特点	集中式长租公寓
房源来源	收购、包租、自有、与开发商合作等多种方式
投资力度	前期投资力度大
社交属性	高
管理成本	规模效应明显，管理成本低
管理难易程度	物业集中，管理容易

根据资产结构的不同进行分类，可以将集中式租赁划分为重资产、中资产和轻资产模式。重资产模式指的是企业在租赁住宅用地开发或者对商品住宅用地上的自持部分进行产品运营的模式。在这种模式下，物业的产权和运营权归属集中式长租公寓机构，企业通过租赁不仅能够享受资产增值收益，还能获得租金收益。然而这种运营模式通常前期投入较大且投资回报周期较长，因此要求企业资金实力雄厚，主要适用于央企、国企和大型民营房地产企业。中资产模式常被称为"包租模式"，企业与房屋所有者签订租约获得经营权，经过统一装修改造后再行出租，以获取租金差价作为主要盈利来源，但该模式无法获得资产的长期增值收益。在轻资产模式下，

企业扮演中介角色，协助业主挂牌招租签约和提供物业服务。与重资产模式相比，中、轻资产模式的特点是前期投资少、门槛低，能帮助企业在短时间内迅速扩展市场，因此多数酒店、房产中介和创业型企业会选择这两种模式。

集中式租赁按经营形态又可分为单体长租公寓和品牌连锁长租公寓。在行业连锁化、品牌化的趋势下，品牌连锁长租公寓有望快速发展。本研究的研究范围主要为品牌连锁长租公寓下的单间公寓和租赁社区公寓。

三、分散式长租公寓的概念及特点

分散式长租公寓是指企业从不同的房东处获取分散的、以非商用住宅为主的个人房源，经改造再向客户群体出租，是典型的C2B2C（Customer to Business to Customer）的模式，一般由中介企业或者互联网企业经营。分散式长租公寓运营商一是寻找零散的房源，二是通过自身的平台将房源租给 C 端客户，因此其优缺点显而易见。一方面，相较集中式长租公寓，分散式长租公寓以轻资产为主，所需资金较少，因此市场进入障碍较小，在短期内就能够迅速扩大市场，占据较大市场份额。同时分散式长租公寓可以更好地利用房产资源，提高空置率，降低房东的风险和成本。此外，通过分散式管理，房东可以更加专注于每个单元的维护和服务，提升租户的居住体验，增加客户满意度和口碑。另一方面，集中式长租公寓更便于管理，而分散式长租公寓不利于管理人员集中管理，管理成本较高且管理效率较低。

四、住房价值的概念

从马克思主义政治经济学的劳动价值理论所涵盖的复杂经济范

畴来进行分析，房产作为商品与其他商品一样，兼具使用价值和价值[4]。吴兆华[5]认为，房价的基础仍然是价值，它包括了土地的价格和房屋建筑物的价格，房屋建筑物是劳动的产物，与其他商品价值形成过程相似，都具有价值。然而土地是一种特殊商品，虽然不完全是劳动产品，但其价格形成是由土地垄断引起的地租的资本化。因此，房地产的价值包括房屋建筑物的价值、土地价值，以及投入到土地中的劳动所形成的价值，这三者相互统一。王辉龙[6]则从马克思的成本价格理论入手探讨房价，认为房价是成本价格和剩余价值的统一体，数量关系可以表示为"房价＝房地产价值＋必要价格＋泡沫部分"，其中房地产价值为建筑材料成本、设备折旧、平均利润和生产性雇员薪金之和，土地价格是地租资本化和虚高的土地价格总和。总之，理解房价的涵义需要运用马克思主义政治经济学中的经济概念进行深入分析，其中房屋建筑的价值和投入的劳动构成了房地产价值的主要部分。因此，可以将房价视为房地产价值在货币形式上的表现。

房价具有不同的表现形式，可以从成交价、典当价、评估价等方面进行分类。在研究中，对房价的确定需要根据研究问题进行具体分析，以保证研究的可比性和准确性。根据市场经济理论，市场是由买卖双方的自愿交易行为决定的，价格是由供需关系决定的。二手房交易价格是市场参与者的自愿行为所决定的结果，其不仅反映出市场参与者对房屋价值的认知和接受程度，还能够客观反映房地产市场的供求关系、投资热点、地区发展趋势等情况。因此，二手房交易价格被认为是一个相对客观和可信的衡量指标，国内很多学者将二手房房价作为反映城市住宅价格的重要指标，以此来研究房价的影响因素和空间分异性[7, 8]。有鉴于此，本研究也按照二手房的交易价格开展研究。

另外，在开展研究之前，关于本研究房价的研究主体是首先需要明确的。房价按房产实体的种类或用途，可以划分为住宅价、厂房价和办公楼价等。住宅的概念已在国内外研究中被多次界定，主要侧重住宅与人类生活密切相关的特性。在中国，住宅一般可分为两类：商品住房和保障性住房。商品住房进一步被分为普通商品住房、别墅和公寓等类型；而保障性住房则包括廉租房、经济适用房和公租房等，主要为低收入人群提供服务，其价格由政府指导，并不受市场规律的影响。尽管保障性住房很重要，但其覆盖率较低，故不在此次研究范围内。别墅和公寓的市场份额有限，价格远高于普通商品住房，不能代表市场消费水平，也不在本研究范围内。因此，本研究中房价的研究主体仅考虑普通商品住房，不包括保障性住房、别墅和公寓等其他类型住宅。综上，本研究的研究对象之一是普通商品住房的二手房交易价格。

第二节 理论基础

一、区位理论

在 19 世纪初，德国经济学家杜能在《孤立国同农业和国民经济的关系》这一著作中首次提到了"区位"的概念，该概念的来源可以追溯到孤立国理论[9]。根据这一理论，城市中心的农业用地由于运输成本的差异而被划分成无数个同心圆，并且每个圈层的农业市场化集约程度是不一样的。杜能认为，这些市场间的距离是生产决策的重要依据。接着，韦伯[10]将区位观与工业发展结合起来，其通过对运输、劳动力和集聚的节约成本进行对比，得出最佳区位解析三角形，并通过增加要素不断改进三角形的形态。进一步地，20世纪30年代初，克里斯塔勒[11]首次提出以城市聚落为中心的中心地理理论，其对城市区位布局起到了理论指导的作用。综上可知，区位理论（Location Theory）是经济地理学和城市规划领域的一个重要理论体系，常用作解释和分析社会与经济活动的空间分布特征及演变机制[12]。

纵观已有关于区位理论的研究，本研究发现研究视角共分为两大类，一种是以宏观主体为选址对象，基于一般均衡分析的宏观区位理论。

从历史发展的角度来看，新古典宏观区位论是在市场区位论和区际贸易理论的基础上发展起来的。它采用了凯恩斯的宏观均衡分析方法作为研究工具，将区位决策从单个部门或企业延伸到对整个区域经济体系和模型的研究中。在新古典宏观区位理论中，区位决策的目标不仅是最大化生产者的利益，还包括消费者效用最大化。以俄林出版的《地区间贸易和国际贸易》为例，该书提出了区位理论，但是着重强调了生产要素的相对价格差异以及利息率、工资水平对工业区位选择的影响[13]。然而新古典宏观区位理论也存在一些局限。它假设区位是均质的，同时将完全竞争市场和规模报酬视为外生变量。但地区的非均质性会导致市场的非完全竞争，这与假设完全竞争市场和规模报酬不变的前提条件相矛盾。随着空间地理学的发展，区位论从静态研究阶段逐渐演变到动态研究阶段。

从经济地理角度来看，大区域乃至全国的产业布局、经济发展、城市空间结构，都属于宏观区位理论研究的范畴，因此宏观区位论可以被用来分析大区域的区位及生产力布局[14]。基于此，有大量学者不断丰富宏观区位理论相关研究。例如，牛树海和杨梦瑶[15]基于宏观区位理论，采用各区域地区生产总值占全国国内生产总值的比重和泰尔指数来测度中国区域经济的演变趋势，发现改革开放后中国区域经济差距经历高—低—高—低的演变过程，但是东西部经济差距出现区域分化的现象，提出要加强宏观区域政策的针对性和建立精细化区域发展政策体系。杨振等[16]将人均GDP（人均国内生产总值）与夜间灯光数据相结合，以江苏省为选址对象，采用空间自相关、标准差椭圆等方法刻画其2005—2020年区域经济差异的时空演变特征，并借助MGWR模型（多尺度地理加权回归模型）对区域经济差异影响因素的多尺度效应进行探讨。有学者[17]以县域为基础研究单位，采用ESDA（探索性空间数据分析）和地理探测器模型等常规和先进的定量方法，以2005—2017年黄土高原县域人均GDP数据和人口密度等地理变量，分析黄土高原县域经济发展的时空差异和驱动因素，发现64.5%的县经济发展水平低于整个高原地区的平均水平，较发达的县分布在内蒙古自治区、陕西省和河南省的"A"形地区，而欠发达县主要分布在甘肃省和山西省的"V"形区。

　　另一种是以微观主体为研究对象，采用局部均衡分析方法的微区位理论。从历史发展角度来看，崔敬[18]认为古典区位论就是用静态的局部均衡作为分析方法，以微观主体为选址对象，研究企业生产地的布局、空间经济效应，研究因素主要聚焦运输费用、劳动费用、收入等方面。第二次世界大战结束后，在系统论、网络理论和扩展理论迅速发展的背景下，新古典微观区位理论逐渐形成，导致传统的线性区位选择方法已经无法满足当下的实际需求。随后，莱德勒通过对博弈论的研究，得出了在空间竞争中计划价格存在唯一均衡的结论。

从经济地理的角度来看，研究小区域的区位可以被称为"微区位"，这些小区域包括但不限于社区、道路网络、小区等面状空间范围或者街道、交通线路、河流等线性空间范围[19]。王兴中等[20]提出了微区位观的理念，认为除了传统的距离、市场和经济等因素，还应该从人本主义的角度出发，充分关注人的行为和心理对区位的影响，强调深入研究人的区位感知、区位偏好等方面。微区位理论在城乡规划学和人文地理学中得到了广泛应用，不仅用于研究零售商业[21]、企业[22]、文化交往场所[23]等城市空间，还涉及住房[24]、公园绿地[25]等城市要素的综合研究。

将区位理论应用在房地产领域的研究有很多。例如，赵伟和钟满[26]利用特征价格模型、空间特征价格模型和地理加权回归等方法，以城中村和以城中村私宅为代表的非正规住房、租赁住房为研究对象，探究其对正规市场租金的影响及空间效应。基于西安市的 POI 数据，罗琳等[27]对区位特征因素进行了验证，这些因素包括交通、教育、医疗、休闲、购物和生活六个方面，探究它们对住宅社区二手房价格的影响及空间异质性。努尔索莱（Nursoleh）[28]在印度尼西亚南坦格朗市发放了 100 份调查问卷，并对其结果进行了定量分析。研究结果显示，地理位置对购买决策具有显著的回归价值，这意味着地理位置实际上能够对人们的购买行为产生影响。具体而言，大多数消费者更倾向于购买地理位置优越的房产。本研究的关注重点是，集中式长租公寓对住房市场影响的时空效应中，空间效应产生的理论基础便是城市的区位理论，特别是微区位论。

二、供求理论

古典经济学家，如亚当·斯密（Adam Smith）和大卫·李嘉图（David Ricardo），是首批提出供求概念的学者，他们试图解释价格形成的基本原理。在《国富论》中，亚当·斯密详细阐述了供求关系对价格的影响，并强调了市场机制中供求关系对价格的调节作用。亚当·斯密认为，市场价格的确定取决于商品供给和需求之间的平衡。当商品供给过剩时，价格下降；而当需求超过供给时，价格上升。这种供求关系的调节机制使市场能够自发地达到一种均衡状态，即供给等于需求的状态，这一状态也被后来的经济学家称为市场均衡[29]。然而，大卫·李嘉图[30]更关注生产成本对价格的影响，他认为虽然供求关系会影响价格在短期内的波动，但长期看，价格会由生产成本决定。20世纪初期，新古典经济学家如维尔弗雷多·帕累托（Vilfredo Pareto）通过引入边际分析和效用理论，深化了对供求关系和价格形成机制的理解，对经济学理论产生了深远影响[31]。

综上，市场供求关系决定产品均衡价格，这一理念体现在市场经济的各个领域。在房地产市场中，供求理论扮演着至关重要的角色，它是房地产市场运行的基石，也是房地产商品价格波动的核心理论。当房地产市场达到均衡状态时，供给与需求价格相等，供给量与需求量也相等，这两者相辅相成，构成了市场的均衡态。值得注意的是，尽管许多研究已经关注到房价对住房市场供需数量的影响，但是供给数量的变化同样会对房地产市场价格产生影响。例如叶乔刘[32]基于供给理论，以北京市作为研究区域列出影响房价的5

个变量因素，建立模型进行线性回归，发现供求模型可以较好地解释住房价格。本研究的重点研究对象长租公寓对周边社区房价产生影响的渠道之一就是房地产市场的供给量和需求量。长租公寓往往处于周边设施齐全，距离 CBD（中心商务区）较近的区域。由于购置房屋的流程比较烦琐，房贷压力大，对一部分中等收入群体来说，长租公寓是一个非常不错的住房选择，因为其不仅能够满足高住房品质的需求，而且与购房后所要负担的大额房贷相比，公寓的月租金偏低，这种优势会减少消费者对购房市场中房屋的需求而促使其转向长租公寓市场。

三、外部性理论

外部性理论，又称为外部效应或溢出效应理论，源于国外学者对市场失灵的研究 [33]。最初归纳出"外部经济"这一概念的是英国经济学家马歇尔，他指出企业的生产活动受到多种因素的影响，不仅包括劳动、资本和土地这三种生产要素，还有"外部经济"和"内部经济"这两大因素。其中，"内部经济"涉及企业内部因素的优化，如组织或部门管理效率提高和成本降低带来的经济节约；而"外部经济"则是指企业外部因素所带来的经济效益。但马歇尔并未深入探讨"内部不经济"和"外部不经济"。经济学家庇古针对马歇尔提出的外部经济理论进行了深入拓展，引入了"外部不经济"的概念，主张政府应该考虑公共利益，采用征税和补贴等措施减少经济活动的负外部性 [34]。根据杨小凯的研究，确定产权范围可能会引起外部交易成本的产生，而不确定产权范围则可能导致内部交易成本的增加。这种情况表明了外部性的本质，即在确定产权范围与不确定产权范围之间存在着一种矛盾 [35]。学术界对外部性的定义存在一定的分歧，但通常围绕外部性的实施主体和受影响主体两大角度展开阐述，并且这两方面具有各自的适用范围[36]。总之，外部性可被理解为某经济体的活动对另一个经济体的利益产生了正向或负向的影响。

房地产活动必然会引发外部经济效应。正向外部经济效应包括对房地产上下游产业的拉动作用以及商品消费对宏观经济的促进作用[37]。负向外部经济效应体现在居住或投资型房地产消费所引发的影响，其中包括房地产开发建设的负面外部性，以及房地产消费使用所带来的负面外部性。举例来说，包振宇和王思锋[38]提出第二住宅的存在会通过"水涨船高效应"和"挤占效应"改变本地住宅市场的激励水平，与当地居民形成住宅资源的竞争关系，从而给当地住宅市场带来负外部经济效应。因此，深入研究外部经济影响，分析各种活动所导致的外部经济效应的不同，是实现房地产活动效益最大化的关键条件。长租公寓项目的建设不仅会显著改变周边地区的社会结构和特征，还可能导致流动人口密度的增加，从而加剧区域内部积聚的系统性风险。此外，它还可能影响附近居民的生活质量，引发邻避效应，对周边社区居民的生活产生一定的影响。

第三节　文献综述

一、长租公寓对房价影响的研究现状

从内容上看，关于住宅项目与附近房价之间关系的讨论已经开展了几十年。总结发现，住宅项目的外部性影响可以是负向、正向或是没有影响。有学者认为租房者群体是一个流动群体，流动人口较多的社区通常具有较低的房产价值[39, 40]。斯特拉霍塔（Strachota）等[41]认为这种负向关系可能是房东和租房者对长期居住环境质量缺乏承诺造成的。根据侯赛因（Hussain）[42]、特恩布尔（Turnbull）[43]以及罗伯特（Robert）[44]等众多学者提供的证据，街区里出租房屋的积累会导致周边社区房屋价格下降以及社区吸引力下降。诸多研究表明，住宅区缺乏物理维护[45]、止赎率提高[46]和社会住房项目增加[47]往往会压低邻近社区房价。学者科钦斯基（Koschinsky）[48]考虑到补贴租赁住房溢出效应的空间变化，基于 AIDS-DID（一种价格指数线性化模型）从规划视角提出，在高收入区域附近补贴租赁项目的开发会显著提高周边住房密度，因而会产生显著的负向溢出效应。然而从逻辑上讲，以重新开发或修复形式进行的新住房投资可以对附近的房产价格产生正向外部性影响。例如，施瓦茨（Schwartz）等[49]指出，由于新建或改造的补贴住房能够改善周围的不良环境，更多的居民也可以增加对周边零售服务的需求促进经济发展，并且这种影响随着项目开发建造的过程而有所不同[50]。刘贵文等[51]认为，在以复兴为目的的新建住房项目周边的社区房价往往会上涨，且其外部性存在距离效应。不过，车拉科夫斯基（Pollakowski）等[52]发现在波士顿地区引入高密度、混合收入和多户租赁开发项目对单户住宅价格没有显著影响。公共援助棕色地块再开发对周围社区价格的影响并不一致，价格效应可以是线性的，也可以是非线性的[53]。吉姆（Kim）等[54]则提出经济适用房对附近房产价格的影响受到社区周边的社会经济特征和区位特征等因素的调节。因此，有必要综合考察地理和区位背景以了解住房开发对其邻近市场的外部性影响。

从方法上看，布里格斯（Souza Briggs）等[55]首次使用地理数据，同时控制区域等因素的影响分析新开发住房的较小区域和全市房地产的价格变化，发现纽约扬克斯的七个分散的住房开发对其周围地区几乎没有影响。安娜（Anna）和彼得（Peter）[56]在研究丹佛分散式公共住房项目的影响时补充了这一基本设计，为补贴住房用地周围增加了环趋势变量以检验价格趋势的变化以及竣工后的价格水平。结果表明，在某些情况下，靠近新住房单元可能会造成周边单户住宅价格上涨。席尔（Schill）等[57]在研究中考虑到新住房项目开发的时间因素，采用双重差分回归模型，发现新住房项目完工前后，附近的房地产价格是有所区分的，处于同一社区但不同环内的房地产价格也存在差异。随着空间计量学的发展，也有学者考虑到房价的空间自相关性，使用时空自回归差分模型（SDID）来评估与城市发展相关的公告效应在不同时间和地点对房价的影响强度，发现项目对不同半径内公寓的价格影响在方向和强度上具有很大的差异性[58]。

目前有关长租公寓与周边房价关系的研究还较为匮乏，但存在大量关于短期租赁房屋对房价[59]、租金与房价[60]影响的研究。谢泼德（Sheppard）和德尔（Udell）[61]使用单中心城市模型从居住空间和其他商品消费的角度探讨 Airbnb（爱彼迎）房屋共享对房价的影响机制，得出本地 Airbnb 的增加与房价增加相关联。洪（Hong）和李（Lee）[62]指出房屋共享对当地住宅市场影响背后的机制：房产所有者将本地住宅市场中的房屋转移到在线替代渠道，平台政策推动当地住宅市场供应过剩，这种转移在一定程度上导致长期租赁市场的租金和待售住房市场的房屋价格下降。

二、长租公寓对租金影响的研究现状

在长租公寓对房地产市场影响的研究成果中，有少量研究集中关注了长租公寓对租赁市场的影响。有学者指出，在收房流程中通过盘活市场空置住房，出房过程中通过整租分拆提升市场供应量，能够降低市场租金，但是业主也可能受到名义租金、N+1 模式租金、集中式长租公寓竞争收房等影响而抬高租金，以及"消费升级"效应导致整个市场的租金上升[63]。也有学者以混沌理论和博弈动态理论为基础，仿真模拟了分散式、集中式长租公寓的需求份额和服务质量对普通住房租赁市场租金的影响[64]。而彭紫薇[65]采用Newey-West（新鲜度调整）回归方法，基于构建的特征价格模型，对集中式长租公寓对住房租金的影响进行了实证分析。研究结果显示，城区集中式长租公寓的出现降低了周边非集中式长租公寓的租金水平。具体而言，随着离集中式长租公寓的距离越近，该影响效应呈现出逐渐增大的趋势。此外研究还发现，高密度区域的分散式、集中式长租公寓对周边非集中式长租公寓的租金具有抑制作用，而中密度区域的分散式、集中式长租公寓则有提升周边非集中式长租公寓租金的效果。值得注意的是，低密度区域的分散式、集中式长租公寓对周边非集中式长租公寓的租金影响受两者距离的调节，并且随着距离增加，租金呈现先下降后上升的趋势。有学者[66]则以天津市为例，运用特征价格模型分析了社区内分散式长租公寓规模对所在社区普通租赁住房和房价的影响，发现分散式长租公寓对同一社区内房价具有提升作用，对租金具有抑制作用。然而关于集中式长租公寓会对周边房价产生何种影响尚不清晰，本研究旨在检验集中式长租公寓对周边社区房价的影响效应。

三、长租公寓其他相关研究现状

长租公寓兼具多方面优势因而在美国等众多国家蓬勃发展，美国是全球最早发展长租公寓的国家，当地长期租赁运营企业普遍采取 REITs（地产投资信托）的融资模式，通过高标准经营以及收购等多种方式扩大核心的住房市场资源，为高端用户提供高成长性租赁市场 [67]。20 世纪 90 年代韩国也开始兴起品牌公寓，这些公寓建设公司注重公寓品牌资产，相关研究侧重品牌营销策略，目前已经建立起比较成熟的品牌动态营销策略 [68]。德国是一个住房租赁市场超过销售市场的国家，政府通过实行多种政策鼓励民众采取租房的方式来解决住房问题，研究重点体现在长期租赁行业政策体系上 [69]。在中国，集中式长租公寓正成为政府深化租赁住房制度改革的重要方式，有学者从制度经济学的角度深入剖析其原因：由于租金随着信息成本的增加而减少，机构租赁公司可通过实施"标准化"的改造降低定价和衡量成本，并利用其既定的品牌效应降低评估房东服务质量的成本，使市场信息更加透明，从而提高租赁市场的运行效率 [70]。

目前，国内外关于集中式长租公寓在住房市场的研究更多体现在公寓的运营管理 [39]、融资模式 [39, 71]、租金影响因素 [72, 73] 方面，政策制定者普遍较少关注集中式长租公寓进入房地产市场的潜在影响。本研究梳理总结了集中式长租公寓分别对房价和租金影响效应的国内外研究现状，具体包括以下几方面。

一是长租公寓运营管理问题。长租公寓的系统庞大而烦琐，难以妥善有效对其进行管理。纳丘赫（Nachuch）提出了一个基于web（网络）的出租公寓管理系统来开发租赁房产营销系统，以便对现有租赁物业系统进行管理[74]。邵必林和程程基于需求理论从租客感知角度出发，构建出长租公寓运营管理质量评价指标，得出公寓的装修质量、周边配套、户型配套和消防安保水平对长租公寓运营管理质量具有重要影响[75]。上述研究强调长租公寓运营管理的有形性和功能性，另有学者指出不仅要重视长租公寓运营的有形性和功能性，还要突出运营管理的人性化服务和创新[76]。

二是长租公寓融资问题。有学者通过梳理美国长租公寓融资模式得到启发，认为要积极探索综合化的权益型融资工具推进我国长租公寓融资产品标准化进程[77]。李嘉指出，解决长租公寓融资困难的根本是降低融资成本，可以通过建立信托制度进而打通资金端和资产端[78]。张小富等学者则从产品、政策和市场层面将我国新派公寓与美国 EQR（公平住屋）长租公寓品牌 REITs 融资模式进行对比，认为要健全 REITs 市场交易机制和税收优惠机制，提高我国长租公寓的融资能力[79, 80]。鉴于 REITs 融资模式具有收益不稳定、受政策性风险影响大、对长租公寓企业的运营能力要求高等特性，陈冰等构建了长租公寓 REITs+PPP 融资模式，认为该模式能够提高项目的盈利能力，降低融资风险并提高整体的运营效率[81]。

三是长租公寓租金影响因素、租客租赁意向影响机制和租金定价模型问题。就长租公寓租金影响因素而言，彭和井上（Peng & Inoue）以 2017 年东京大都市地区的住宅租金数据为基础，用随机效应模型考察了空间异质性，认为空间变化是影响长租公寓价格的主要因素[82]。同样考虑到空间异质性的学者赫拉斯（Herath）等则利用不同空间计量模型验证了绿化率是影响长租公寓价格的重要因素[83]。也有学者实证分析了交通可达性和离 CBD 的距离对公寓租金提高具有显著正向影响[84]。而拉扎维（Razavi）等、李（Li）等分别从社区内空置率入手，认为社区内空置率的增加会对公寓租金和房价产生负向影响[85, 86, 87]。国内学者喻燕以深圳市 600 家长租公寓为研究对象，运用特征价格理论识别了对长租公寓租金产生显著影响的 11 个重要因素[88]。杨高等基于扎根理论构建了租赁意向的影响模型，发现租赁态度通过影响租赁意向进而作用于租赁行为[89]。朱红章和魏子繁通过构建长租公寓租金定价的随机森林评估模型，发现公寓区位特征、机构品牌、房源距离市中心的交通距离是影响长租公寓定价的关键因素[90]。

四是长租公寓对普通租赁住房市场的影响问题。穆（Mu）等以混沌理论和博弈动态理论为基础，仿真模拟了分散式长租公寓的需求份额和服务质量对普通租赁住房市场租金的影响[91]。彭紫薇通过构建特征价格模型，采用 Newey-West 回归方法实证分析了长租公寓对住房租金的影响，结果表明城区集中式长租公寓降低了周边非长租公寓的租金，且随着离集中式长租公寓的距离越近，该影响效应越大，而郊区集中式长租公寓对非长租公寓租金不产生影响。高密度区域的分散式长租公寓抑制了周边非长租公寓租金，中密度区域的分散式长租公寓则提升了周边非长租公寓租金，低密度区域的分散式长租公寓对周边非长租公寓租金的影响受两者距离的调节，随着距离增加租金呈现先下降后上升的趋势[65]。与普通租赁住房的传统租赁模式相比，长租公寓具有价格透明、诚信可靠、管理规范、服务周到、安全便利等特点，租客体验更好。因此，长租公寓将对普通租赁住房市场产生一定的挤出效应[92]。

四、房价时空效应研究现状

近年来，关于房价的空间效应引起了学者们的广泛关注，事实上房价是一种空间数据，它随着区位的变化会呈现较大的差异，具有一定的空间效应[93, 94, 95]。空间效应主要是指空间的相关性和空间的异质性[96]。

从内容上看，国内外研究房价时空异质性的文献主要从以下两个方面展开。

一是运用统计学方法描述不同地区间房价的空间分布格局[97,98]。基于目前各城市住房销售市场发展不平衡的状况，学者们对住房价格和租金的时空尺度展开了深入剖析。他们发现，北京市的住房价格和租金存在明显的空间分异，呈现出多中心圈层递减的结构，同时也出现了南北差异十分显著的现象[99]。另外，徐丹萌等[100]的研究发现，沈阳市的住房价格表现出多中心的空间分布格局；而长春市的住宅价格则呈现出以南部为中心的扇形增长趋势，同时也表现出高价住宅街区由点状分布向片状扩散的空间演化趋势[101]；长沙市房价则呈现出多个次级中心环绕一个主中心，区位因素对房价的影响效用具有显著的空间异质性特征[24]；在广州市，住宅价格沿着珠江水系发展呈现出双核、多中心和组团式的空间结构特征[102]。宋雪娟等的研究表明，西安市的住宅价格呈现出空间集聚的格局，尽管其中少部分因空间异质性而呈离散分布特征[103]。刘欣和章娓娓[104]利用地理加权回归模型探索住宅价格空间分异的影响因素及作用机制，发现扬州市住宅价格呈现出以房价高值为核心递减的单核心结构特征。综合以上研究可以看出，城市内部房价的空间分异不仅受国家和区域政策的影响，更是城市内各类资源、设施和服务等集聚能力差异的综合体现[105]。

二是运用不同空间计量模型研究造成城市住宅价格空间分异格局的影响因素及其分布规律，如地价、建筑特征[106]、社会经济文化环境、政策法规[107]、公共设施项目、特殊自然地物、城市更新项目、区位因素等[108]。例如，有学者提出社会经济水平是城市综合实力的基础，会通过影响当地劳动力[109]、吸引房地产投资和完善基础设施建设水平，从而改变住房交易价格及其空间格局[110]。

从方法来看，以罗森（Rosen）[111]和兰开斯特（Lancaster）[112]为理论基础的特征价格模型已经被广泛用于估算房价，他们认为房产可以被视为一种异质化的商品，价格是由各种住房特征所决定的，消费者对房产的需求不在于产品本身而是基于对特性的追求，它包括总面积或居住面积、厨房面积、楼层和房间数量等[113]。然而传统的特征价格模型允许研究者通过观察每个解释变量的系数来区分改变特定属性对价格波动的影响[114]，但其利用传统的特征价格模型分析各种影响因子对住房价格的影响时具有以下局限性[115]。一方面，hedonic 模型的前提是残差不相关，房价相关因素的影响在整个地区是一致的。例如，无论房子位于何处，与每增加一平方米相关的边际价格增长是恒定的这一假设对房地产市场来说都是不太合理的。另一方面，hedonic 模型假设每个参数在空间上是固定的，这意味着每个属性对整个地区的房地产价格都具有相同的影响[116]。例如麦克米伦（McMillen）运用特征价格模型研究住房价格空间分布变化时，发现建筑特征和区位条件无法解释住宅价格的空间分异性[117]。换句话说，特征价格模型忽略了住房市场中任何可能的空间效应，如空间自相关性和空间异质性。

空间自相关性是指一个位置的房地产价格部分取决于相邻位置的房地产价格。发生这种情况是因为位于邻近位置的住房与房产本身往往共享许多便利设施，如学区、景观、公共设施、购物中心等[118]。而且人们倾向于根据邻近房产的售价来设定他们的房产价格。奥斯兰德（Osland）[119] 根据 1997 年至 2002 年间挪威西南部 1691 宗房屋销售交易的数据，运用空间计量经济学方法来改进 hedonic 房价建模过程，结果表明空间模型与 OLS 模型相比，具有更高的解释力。史蒂文·布拉萨（Bourassa）等人比较了不同空间模型之间以及与传统模型之间的预测能力[120]。已有大量研究通过引入空间滞后和空间误差模型，将空间自相关性纳入特征价格模型中进行考量。博恩（Bowen）等[121] 国外学者是早期将 GIS 和空间数据纳入特征价格模型的研究者，他们利用 GIS 技术测量公园和 CBD 距离等变量，分析了空间距离与特征价格之间的联系。随后，越来越多的学者开始运用空间计量方法来探究变量之间的关联性和异质性。例如，丹涅沙利（Daneshvary）和克劳雷蒂（Clauretie）[122] 运用空间滞后模型来研究社区层面止赎的溢出效应并发现了显著的影响。也有学者[123] 利用空间滞后模型研究 1990 年至 2010 年间美国 100 个大城市的街区价格并发现邻近住宅价格呈现空间集聚效应。

空间异质性指的是不同空间区域内的事物具有特定的特征，与其他区域的事物和现象有所不同。在住房市场中，芬克（Fik）等[124] 利用空间扩展模型首次证明了空间异质性的存在。随后不断有学者通过利用空间扩展模型和地理加权回归（GWR）模型验证城市住房价格与空间分布状况之间的密切相关性，认为同一因素由于空间分布差异会对住房价格产生不同影响。近年来，我国学术界对房产市场空间效应的研究也逐渐多了起来，然而由于我国商品房市场房屋历史交易数据难以获取，因此对商品房空间分析的研究主要集中在局部空间效应影响力的分析上。比如，梅志雄等研究人员利用 GIS 空间分析技术，系统地研究了广州市地铁 3 号线对周边社区住房价格的影响范围和程度，并探讨了其时空效应。李颖丽等人 [125] 运用地理加权模型等方法，对重庆市的住宅价格进行了深入分析。研究结果表明，地理加权模型在拟合住宅价格方面表现出色，且重庆市主城区的住宅价格与地形平坦程度存在一定相关性。此外，考虑到房地产价格受空间和时间关系的影响，研究者们常常采用时间序列数据分析方法，其中空间杜宾模型是最为典型的模型之一。该模型是基于空间误差模型或空间滞后模型发展而来，通过对模型参数进行附加约束来构建。与传统的空间滞后模型相比，空间杜宾模型不仅考虑了自变量的空间滞后，还对因变量进行了空间滞后处理，以更全面地捕捉空间效应。这样的设计可以更好地分析相邻房屋特征对每间房屋价格的影响，进而提高模型的解释能力和预测准确性 [126]。

五、研究评述

通过对以上关于集中式长租公寓方面的文献和房价时空效应的有关文献进行总结梳理，本研究有以下发现。

从研究内容上，第一，国内外对长租公寓的研究已经长达几十年，其中关于邻近房产开发项目对某个特定市场房价影响的研究有很多，少数学者也探讨了集中式长租公寓对租赁住房市场的影响效应，但缺少集中式和分散式长租公寓对周边社区住房价格影响效应的微观研究。第二，缺少长租公寓与普通租赁住房数据的匹配检验，无法保证实证结果的可靠性。第三，现有研究成果中关于房价时空效应的研究主要包括两个方面。一是利用统计学方法描述不同地区之间房价的空间分布格局。研究发现，不同地区的房价受影响的因素各不相同，而同一地区在不同阶段房价受影响的因素也存在差异，并且各因素的影响程度有所不同。二是研究运用不同的空间计量模型，探讨了导致城市住宅价格空间分异格局的影响因素及其分布规律。这些研究有助于深入理解城市房价的时空变化规律，为相关政策制定和实践提供重要参考。

从研究方法上，国内外学者对于房价影响因素的分析中虽然有定性分析，但是定量的回归模型是主流的研究范式。这些回归模型将房价作为被解释变量，将与之相关联的特征作为解释变量，以此来探讨它们之间的关系。早期的研究方法主要采用传统的统计经济学方法，诸如向量自回归、最小二乘回归和贝叶斯方法等。随着空间统计学的不断发展完善，学者们逐渐开始关注房价的空间依赖性和空间异质性问题。空间统计模型将传统的回归模型置于时空维度下进行考量，允许变量系数随着时空变化而变化，以便准确揭示房价影响因素之间的关系[127]。但是基于空间计量模型同时将项目的时间效应和房价的空间自相关性、空间效应等时空交互关系相联系的文献，主要集中在城市更新项目和公共设施建设项目上，而具体到住房租赁项目对周边社区房价影响效应的研究还很少。

显然，目前关于中国长租公寓的外部经济效应尚未得到充分的研究，缺少长租公寓与普通租赁住房数据的匹配检验，无法保证实证结果的可靠性。这种现象主要由以下两个原因导致：第一，我国长租公寓的实践相对较晚，因此其对住房市场的影响还未引起学术界的广泛关注；第二，研究这一问题面临一个重要挑战，即数据获取问题。目前，关于长租公寓的公开统计数据非常有限，基于微观层面的商品房交易数据也难以获取，开展实证分析较为困难。为了弥补现有文献的不足，在国内外文献综述和理论分析的基础上，本研究以天津市集中式长租公寓和分散式长租公寓为例，基于多期DID（Difference in Difference，差异中的差异）方法等政策评估工具，以及空间滞后模型和空间杜宾模型等，综合探讨长租公寓对周边社区房价影响的时空异质性。

第三章 天津市长租公寓发展现状

本章内容分为三个部分：一是对长租公寓在天津市发展的政策环境、经济环境和社会环境进行深入分析；二是使用爬虫技术从自如、相寓、美丽屋等分散式出租公寓品牌官网以及房天下网站获取集中式和分散式长租公寓的区域位置、房屋特征、社区名称等数据，分析天津市长租公寓的市场规模；三是采用 ArcGIS 的空间分析模块，绘制天津市集中式长租公寓和分散式长租公寓在不同地域及区位的空间分布图，并对研究区域进行划分和分析。

第一节 天津市长租公寓行业发展宏观环境

一、政策环境

随着我国房地产政策的不断演变，市场规划的重心逐步转向供给侧。天津市多个政府部门联动采取了全方位、多层次、多维度的举措，旨在推动住房租赁市场和长租公寓市场的健康稳定发展。值得一提的是，天津市在 2017 年 10 月率先将住房租赁企业纳入房地产管理部门的监管范围，这在全国范围内是首次尝试。2019 年 5 月，天津市人社局颁布了《天津市人才公寓认定支持办法（试行）》，明确对新建或改建的人才公寓提供支持政策，规定人才公寓的租金标准不得超过房屋租赁市场价的 70%，同时享受机关、企事业单位集体宿舍居民生活价格政策。另外，2022 年 5 月天津市出台了《天津市加快发展保障性租赁住房实施方案》，强调要加快多主体供给的建设步伐，引导多方参与，将人才公寓以及符合条件的自持租赁住房纳入保障性租赁住房的范畴。建设银行天津市分行充分发挥技术和资源优势，致力于打造建融家园社区，旨在成为天津市住房租赁市场的领军者。该社区作为首个由金融机构背景支持的综合服务平台，为市民提供了大量长期稳定的租赁房源。同时，建设银行积极探索资产证券化创新，以释放家庭拥有的闲置住房资源，并发挥其在金融支持方面的重要作用。

由表 3-1 可以看出，一系列的支持性政策、有利的发展环境以及政府规范化的管理措施使得大批量的房地产开发企业进入天津市住房租赁市场拓展长租公寓业务。鉴于天津市住房租赁市场中丰富的长租公寓数目以及政府和相关机构数据的高透明度，研究者可以从多种公共数据平台获取丰富的数据。因此，本研究选择天津市作为研究区域，旨在探讨集中式长租公寓对周边社区住房价格的影响效应，以期更好地展现中国房地产市场的发展趋势和规律，同时为政府和企业提供有价值的意见参考。

表 3-1 天津市关于促进住房租赁市场规范发展的部分相关政策

时间	相关政策	重要内容
2019 年 5 月 16 日	《天津市人才公寓认定支持办法（试行）》	符合规划用地兼容性管理相关规定，且兼容比例不超过地上总建筑规模 15% 的新建、改建人才公寓可直接办理相关手续。在人才公寓中，居民的电费收取采用与机关、企事业单位集体宿舍相同的价格政策，而水费和取暖费则按照普通居民的价格标准执行
2020 年 9 月 26 日	天津市人民政府关于印发《天津市公共租赁住房管理办法的通知》	需要制定公共租赁住房的规划建设、申请准入、配租管理和使用退出等细则
2021 年 4 月 25 日	《天津市中央财政支持住房租赁市场发展试点资金使用管理办法》	对通过新建、改建、盘活等方式筹集的租赁住房进行奖补
2021 年 9 月 15 日	《天津市公共租赁住房管理实施细则》	针对天津市公共租赁住房的相关流程，规定了申请流程、资格审核、登记选房、租金支付以及签约手续等方面的具体细节
2022 年 5 月 13 日	天津市人民政府关于印发《天津市加快发展保障性租赁住房实施方案的通知》	加快建成多主体供给，引导多方参与，将人才公寓以及符合条件的自持租赁住房纳入保障租赁住房行列，可享受一系列土地、财政、金融、税收等支持性政策
2023 年 5 月 24 日	《天津市住房城乡建设委、天津市民政局关于住房保障租赁补贴有关政策问题的通知》	加强本市城镇家庭住房保障租赁补贴管理工作

二、经济环境

天津市作为直辖市，其宏观经济发展状况对长租公寓行业具有重要影响。长租公寓凭借其灵活性、便利性和相对低廉的价格，在年轻人群中广受欢迎。同时，长租公寓的发展情况也与整体经济环境存在密切联系。首先，天津市 GDP（地区生产总值）的增长为长租公寓的发展提供了有利条件。根据国家统计局发布的数据，天津市的 GDP 水平自 2016 年至 2023 年分别从 11477 亿元增至 16737 亿元（见图 3-1），除新冠疫情期间天津市 GDP 有所下降，其余时期天津市 GDP 一直保持平稳增长，经济发展保持良好态势。这种宏观经济的稳定增长为长租公寓行业提供了良好的发展基础，因为经济增长往往伴随着人口流动和就业增加，从而带动居民对房地产市场的需求。对于年轻白领而言，长租公寓作为一种过渡性的住房选择，能够较好地满足其灵活、便捷的居住需求，进而推动租赁需求的增长。因此，经济的持续向好为长租公寓的蓬勃发展创造了良好的外部环境。其次，居民可支配收入的提升也是长租公寓发展的重要推动力。天津市居民人均可支配收入由 2016 年的 34074 元 / 人增加到了 2023 年的 51271 元 / 人（见图 3-2）。随着居民人均可支配收入的不断增加，人们对于居住品质的要求亦越来越高。一方面，长租公寓能够提供相对廉价的租赁价格，满足了部分城市年轻人群的居住需求，这种"租赁＋服务"的模式，不仅能够有效缓解房价上涨的压力，也为年轻人提供了一个较为灵活的住房选择。另一方面，随着居民收入水平稳步提高，居民消费观念也逐渐转变，越来越多的居民开始注重生活品质，愿意为高品质的居住环境买单。这种消费观念的转变促使长租公寓市场需求不断增加，尤其是那些提供良好居住环境和优质服务的公寓项目更受青睐，由此居民收入水平的提升为长租公寓的蓬勃发展奠定了坚实的经济基础。

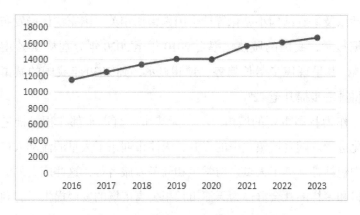

图 3-1 2016—2023 年天津市 GDP 发展趋势（亿元）

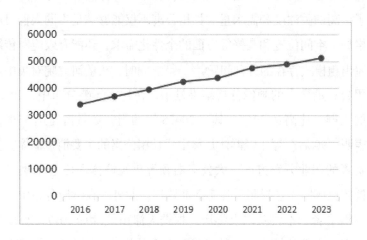

图 3-2 2016—2023 年天津市居民人均可支配收入（元）

三、社会环境

除了政府颁布的一系列支持长租公寓行业持续发展的政策外，天津市集中式长租公寓市场的蓬勃发展还与我国城镇化进程、人口流动以及家庭结构小型化等社会因素密切相关。国家统计局发布的数据显示，我国的城镇化率自 2010 年至 2020 年分别从 50% 增至 64%，并呈现稳步增长趋势。预测显示，到 2030 年我国的城镇化率将进一步提升至 72%。

作为我国重要的城市之一，天津市一直以来都在积极推进城市化进程。随着城镇化率的提升，天津市迎来了大量的流动人口，其中包括外地务工人员、留学生和商务差旅者等，这些庞大的流动人口和多样的社会群体为天津市长租公寓市场的发展提供了有利条件。贝壳研究院的调查数据显示，租房者对房源信息的真实性、租金费用的透明度，以及租住期间的房屋维护和保障服务等方面表现出了极高的关注度和需求量。长租公寓不仅能够满足不同人群对房屋格局、空间位置和装修等方面的个性化需求，还能有效应对传统房屋出租模式存在的种种问题[2, 3, 128]。同时，头豹研究院对集中式长租公寓消费者的画像分析结果显示，在租客年龄分布中，20~35 岁的人群占比高达 79%，其中 20~25 岁的租客数量占比达 35%，这表明"90 后"等年轻群体是集中式长租公寓的主要消费群体。在消费者的职业分布方面，大公司白领等年轻群体占比达 71%，这些群体更倾向于选择租赁住房而非购房。此外，在学历分布中，近七成消费者为本科及以上学历，根据天津市统计局 2017—2023 年的数据，高等院校毕业生数量呈现上升趋势（见图 3-3）。这一群体通常对居住有较高需求，而长租公寓恰好能够满足他们的需求。

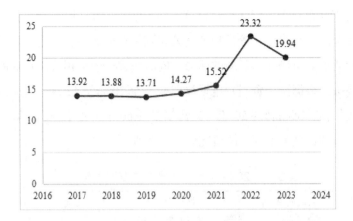

图 3-3　2016—2023 年天津市高等院校毕业生数（万人）

第二节　天津市长租公寓市场规模

一、天津市集中式长租公寓市场规模

到 2020 年初，天津市住房租赁市场规模已达 55 万套，显示出巨大的租房需求，为市场提供了形成多元化的住房租赁体系的有利条件。近年来，天津市政府持续完善住房保障体系，增加保障性租赁住房的数量，以解决新市民、青年人等阶段性住房需求。在"十三五"规划期间，天津市新增租赁住房 7.1 万套（间），并推动人才公寓、蓝领公寓、白领公寓、职工宿舍等政策性租赁住房的发展。截至目前，全市已投入使用 11.7 万套（间）政策性租赁住房，有效满足了人才、产业职工等群体的住房需求。在这个庞大的市场中，集中式长租公寓行业近年来呈现快速增长的态势。自 2017 年

11月天津市首个集中式长租公寓——龙湖冠寓开业以来，万科泊寓、天住领寓、有巢公馆等长租公寓公司陆续进驻天津市。这些新兴企业的涌现为市场注入了新的活力，同时也提升了长租公寓行业的发展势头。根据网络资料及电话调研，截至2023年12月，天津市集中式长租公寓品牌共20家，运营项目近60个。关于公寓品牌、区域分布和租金范围等具体情况如表3-2所示。

表3-2　2023年天津市集中式长租公寓情况

序号	公寓品牌	区域分布	租金范围（元/月）
1	龙湖冠寓	东丽区、滨海新区、河东区等	1089—2168
2	泊寓	西青区、东丽区、滨海新区等	1345—2199
3	有巢公寓	河北区、和平区	2187—4352
4	天住领寓	河东区、东丽区	2000—6200
5	首创Hé寓	津南区	1500
6	红璞公寓	西青区	1650—2900
7	海尔公寓	津南区	800
8	海燕公寓	滨海新区	1500—1750
9	天翔公寓	滨海新区	1520
10	天鸿公寓	滨海新区	1097
11	科利达公寓	津南区	500—600
12	尚林苑公寓	静海区	1080—1280
13	乐乎公寓	西青区	910—2100
14	邦舍公寓	南开区	3000—4500
15	芬园里长租公寓	河北区	2400—3300
16	华瑞园人才公寓	蓟州区	700—1200
17	soho公寓	滨海新区	1800
18	欣嘉园公寓	滨海新区	1200—1500
19	屿果公寓	东丽区	1740
20	上舍公寓	河北区	1800—2400

二、天津市分散式长租公寓市场规模

本研究通过爬虫技术、Python 抓取分散式长租公寓的相关指标和数据。总体来看，天津市分散式长租公寓市场正处于高速发展阶段。近年来，随着城镇化进程加快、人口流动性增强，以及年轻人对居住空间需求的变化，这一市场呈现出蓬勃发展的态势。统计数据显示，天津市分散式长租公寓的总规模已超过 10 万套，这一细分领域正成为长租公寓行业的重要组成部分。天津市分散式长租公寓具有一定的区域特点。分布在城市的主城区及周边区域的长租公寓，主要集中在河东区、河西区、南开区和西青区，这类公寓较为集中，主要针对年轻白领人群。而分布在城市边缘区域及郊县的长租公寓，则更多地服务外来务工人员等群体。不同区域的分散式长租公寓在户型、租金水平等方面也存在一定差异。关于分散式长租公寓所在小区、区域分布和单位价格范围、租金等具体情况如表 3-3 所示。

表 3-3　2023 年天津市分散式长租公寓情况

所在区域	所在小区	所在楼层	单位价格（元/平方米）	租金（元/月）
河东区	滨河新苑、彩丽园、晨阳里、城市星座、晨阳花园、城市之光月光园、朝阳绿茵、程林里、春华里、大通时尚花园、第六大道大洋嘉园、第六大道道俊华园、第六大道第博雅园、第六大道俊东公园、东惠家园、东瑞家园、东亚风尚国际、芳水河畔、芳馨园、丰盛园、丰盈里、凤麟里、凤岐里、福东里、福东北里、福庭里、福泽温泉公寓、富豪新开门、公馆星期 8、宫前东园、宫前园、海河新天地、瀚澜苑、河东万达广场、红星国际晶品、	低	11410~57196	800~35000

所在区域	所在小区	所在楼层	单位价格（元/平方米）	租金（元/月）
河东区	互助南里、华馨公寓、环秀东里、环秀西里、环秀中里、汇和家园、汇贤里、嘉华小区、建新东里、金色家园、靓东花园、巨福新园、巨福园公寓、聚安东园、聚安西园、康馨里、恋日风景、恋日风尚、临池里、龙泓园、路劲太阳城、美福园、美震裕阳大厦、米兰新干线、棉三四工房、祈和新苑、秋实园、曲溪西里、荣泰公寓、融科瀚棠、神州花园、	中	11983~53836	650~9500
	盛世嘉园、松风东里、松风西里、太阳城橙翠园、太阳城金旭园、太阳城紫玉园、太阳城丹荔园、太阳城蓝山园、太阳城绿萱园、文华里、万春花园、欣荣嘉园、天琴里、向阳楼、欣荣馨苑、万和里、星河花园、万兴花园、新津小区、裕阳花园、怡安温泉公寓、阳光新业国际、阳光星期八昕旺南苑、阳光星期八昕旺北苑、远翠中里、远翠东里、远翠西里、友爱南里、萦东温泉花园、倚虹中里、映日嘉园、益寿东里、雅仕兰庭、阳新里、秀丽园、中建悦东方、招商雍景湾、直沽园、振业城中央、中储正荣栋境	高	9302~56358	900~6900
河西区	爱国里、爱国北里、宝德里、宾水南里、宾水西里、宾水北里、宾水东里、北大资源阅城、宾西楼、乘云里、宝德里、安德公寓、纯雅公寓、白天鹅大厦、昌源公寓、纯真里、德望里、福至里、孚德里、恩德东里、恩德西里、东莱里、东舍宅、芳水园、佛山里、富裕广场二期、第六田园优仕家园、第六田园优仕庭园、福盛花园、东江南里、复兴门家园、风致里、海河大观、河西区南华里、格调绮园、河西区惠阳里、河西区桂江里、光华里、广顺园、港云里、	低	13639~93302	1000~37000

续表

所在区域	所在小区	所在楼层	单位价格（元/平方米）	租金（元/月）
河西区	汉江里、古芳里、国风园、鹤望里、红波里、环湖东里、环湖西里、华江里、红山里、吉万里大楼、华夏津典畅水园、弘泽印象、红波公寓、恒山里、贺福里、恒华公寓、红专公寓、环渤海国际公寓、景兴里、景福里、景致里、宽福里、建国楼、景兴西里、教师村、久仰里、敬重里、可园里、健春里、津滨雅都公寓、科艺里、金海湾花园、纪发公寓、兰江新苑、美好里、漓新里、名都公寓、龙博花园、玫瑰花园、	中	16360~91609	900~12000
	龙都花园、龙海公寓、龙瀚南园、柳苑公寓、立达博兰、龙都南园、罗马花园、棉四二宿舍、美满里、三水里、世纪梧桐公寓、气象南里、天房六合国际、四季馨园、气象里、天津湾海景文苑、天房美棠、瑞江花园梅苑、瑞江花园兰苑、平山里、瑞江花园竹苑、儒林园、天津湾海景雅苑、天物郁江溪岸、瑞江花园菊苑、名都新园、谦福里、司法警校宿舍、三合里、平江北里、名仕达花园、盛瑞公寓、绮云里、体院宿舍、三义大厦、青年汇、祺寿里、天地源熙樾台、新城小区、中海学府公馆、西楼北里、元兴新里、中冶德贤公馆、雅致里、云江新苑、珠海里、文玥里、卫星里、中海寰宇天下、育贤里、珠峰里、祥和里、向荣里、信昌大楼、中裕园、先进里、新世纪城、谊城公寓、谊景村、新梅江锦秀里、五一阳光尊园、园丁公寓、文静里、五一阳光皓日园、中豪国际大厦、玉水园、西园南里、云水园、珠波里、中海复兴九里、重华西里、欣水园、中豪世纪花园、重华南里、新东风里、中乒公寓、云景大厦、紫金花园、文才公寓、新城大厦、银丰花园	高	15060~94189	900~9600

所在区域	所在小区	所在楼层	单位价格（元/平方米）	租金（元/月）
南开区	三潭东里、颂禹里、时代奥城、风湖里、融创中心、金环里、宁乐里、瑞德里、熙汇广场、雅安东里、怀仁里、云栖里、龙井里、金厦里、金谷园、宜宾东里、荣迁东里、盈江西里、义兴南里、华宁南里、花港里、泊江东里、大园新居、金盛国际、天华里、林苑北里、俊城浅水湾、芥园里、凤园南里、禧顺花园、怀庆里、园荫里、照湖里、云阳东里、罗江西里、绮华里、阳光100东园、盈江里、林苑西里、堤北里、卫安北里、冶金里、云龙里、日华里、迎风里、阳光	低	7713~97681	800~72000
	100西园、同安里、复康里、宝龙湾家园、长治里、天环里、义兴里、光湖里、沱江里、乐园里、颂禹西里、卫安中里、南开大学西南村、云阳西里、安华里、莲安里、中海御湖翰苑、风荷园、观园公寓、地华里、津涞花园、富力城天霖园、格调春天、南江东里、级升里、金冠里、凌研里、佳音里、龙凤里、朝园里、中新城上城一期龙亭家园、久华里、长华里、华宁北里、锋泛国际、凤玉里、卧龙南里、华苑新城云华里、邮电公寓、	中	6621~67681	600~42000
	鹤园北里、耀远里、广泰里、临江里、雅安西里、燕园里、天房天拖秋泽园、连心里、泾水园、欣苑公寓、芥园中里、府湖里、日环里、水上温泉花园、凌奥花园、富力城天康园、延生里、锦园里、美丽心殿、凤园北里、天津大学北五村、玉泉北里、莹华里、园荫北里、红和里、紫光苑、富力城天越园、嘀嗒、凯立天香家园、盈江东里、玉泉里、龙滨园、兴业家园、迎水东里、迎水西里、纯善里、华章里、凤仪园、九州国际、红磡公寓、桦林园、阳北里、深蓝公寓、彩霞里、碧华里、卫安南里、春香里、三潭西里、紫云里、保康里、富平里、嘉陵东里、居华里、长宁里、天房峰阁、凤园里、中新城上城二期尚佳新苑、	高	8625~71124	700~15000

续表

所在区域	所在小区	所在楼层	单位价格（元/平方米）	租金（元/月）
南开区	兰园、聚英里、广林园、卧龙北里、王顶堤故里、近园里、凯盛家园、荣迁里、云阳里、林苑东里、昌宁南里、锦园北里、寿康里、后现代城、春丰园、天房崇德园、壹街区、南丰里、新安花园、居祥里、群富里、观景里、宁福里、淤江东里、雅阳家园、风荷新园、集成里、新城市花园、新都大厦、龙德里来福里、芥园西里、临园里、海泰国际公寓、融创二期江坪园、金融街南开中心、台北花园、玉皇里、裕达花园、永基花园、金典花园、紫来花园、望园里、昌宁北里、南开文园、金合园、阳光晶典、天房天拖实泽园、阳光公寓、晋宁北里、新都花园、美坪里、城南家园、平定里、云轩公寓、馨名园、保山南里、水乡花园、天荣公寓、临渭佳园、育梁里、盛达园、鼎福汇、平陆东里、雅美里、南开悦玺、水郡花园、宜川北里、汾阳里	高	8625~71124	700~15000
西青区	云锦世家、万科假日风景、华亭国际、天津东方环球影城、旭辉御府、天房美域豪庭、富力津门湖江湾广场、远洋万和城、梅江康城、保利金融街诺丁山、中交樾公馆、霞飞路63里弄、星河荣御、联发红郡、万科四季花城、松江城、社会山南苑、正荣润璟湾、保利罗兰公馆、金厦水语花城水溪苑、中发里、天津富力湾、君悦花苑、金厦水语花城花溪苑、金融街融汇、天房美域华庭、洛卡小镇林溪园、宏城御溪园、万科东第、大地十二城枫桥园、和瑞园、侯台花园、中盛里、融泰城、中骏雍景府、国风星苑、摩卡假日、溪秀苑、大地十二城枫香园、津尚花园、五矿榕园、艺英里、融侨观澜、社会山东苑、社会山北苑、大地十二城枫桦园、利海家园、凯信佳园、锦庐、西青集贤里、华苑新城程华里、社会山西苑、融侨方圆、王顶堤馨苑、津门正荣府、万科翡翠大道、融侨阳光城皓玥、龙湖首创禧瑞郦城	低	10878~63128	800~13000
		中	7511~43334	710~9500
		高	10054~52406	900~9000

第三节　天津市长租公寓市场区位分布特征

一、天津市集中式长租公寓区位分布特征

天津市辖区划分为中心城区、环城区和远郊区。中心城区是城市的发源地，也是政治、文化、教育、经济和商业的核心地带，包括和平区、河西区、南开区、河东区、河北区和红桥区。环城区位于中心城区外围，包括东丽区、西青区、津南区和北辰区。而滨海新区、武清区、宝坻区、宁河区、静海区和蓟州区则属于远郊区，距离中心城区较远。

本部分主要采用 ArcGIS 的空间分析模块，绘制天津市集中式长租公寓在不同地域及区位的空间分布图，并对研究区域进行划分。同时，利用 Stata 软件（一个集数据分析、数据管理以及绘制专业图表的整合性统计软件）对各行政区域内的长租公寓租金进行描述性统计分析，最后探讨形成这种空间分布特征的原因。目前，集中式长租公寓主要分布在天津市的市内六区、环城四区以及滨海新区，而在宝坻区、北辰区、宁河区和武清区则没有发现类似的分布情况。这表明集中式长租公寓更倾向于选择在市中心区域和环城区域进行选址，呈现出环绕中心城区的分布特征。

通过对天津市不同行政区域集中式长租公寓租金数据进行描述性统计分析，本研究获得了该数据集的最小值、最大值、平均值以及标准差等统计指标（见表 3-4）。研究结果显示，东丽区、滨海新区和西青区是集中式长租公寓数量最多的行政区，分别为

12 个、11 个和 13 个。与此同时，在和平区内发现了租金均值最高的项目，达到 2771.75 元 / 月，而静海区的集中式长租公寓则呈现出最低的租金水平，为 1180 元 / 月。值得注意的是，和平区位于天津市核心区域，地价昂贵且地上空间有限，因此租金水平较高；而静海区则位于远郊区，地理位置偏远，远离中央商务区，因此需求相对较低，租金价格处于较低水平。

本研究所调查的数据显示，城市中心区域内的集中式长租公寓数量为 19 个，位于环城区域的集中式长租公寓数量为 28 个，而远郊区集中式长租公寓数量仅为 13 个。这表明天津市集中式长租公寓项目更倾向于选择市中心和环城地区进行布局，产生这一现象的主要原因有以下几方面。首先，从供给侧角度来看，商务区和大型企业通常集聚于城市中心地带，而市中心地区的土地资源稀缺且价格昂贵，难以支撑大规模集中式长租公寓的建设。相反，环城区域具有较为充裕的土地资源，适宜进行集中式长租公寓项目的规划与建设，在环城区域开发集中式长租公寓更具可行性和吸引力，因而该区域集中式长租公寓数量相对较多。其次，从需求侧来看，市中心区域的居住成本不断攀升，导致部分消费者负担不起市中心地段的高租金。而环城区域的租金相对较低，为中低收入群体提供了可负担的居住选择，从而吸引了更多租户。最后，环城区域的交通便利性逐渐提升，配套设施也日益完善，相较于繁华喧嚣的市中心，环城区域的生活环境更为宜居，吸引了一部分人口向该区域转移，进而增加了对集中式长租公寓的需求。

表3-4　不同区域集中式公寓租金价格描述性统计分析

行政区	数量（个）	均值（元/月）	标准差	最小值（元/月）	最大值（元/月）
东丽区	12	1364.083	463.923	790	2600
南开区	3	2511	1099.847	1650	3750
和平区	2	2771.75	853.831	2168	3375.5
河东区	4	2257.5	814.494	1460	3350
河北区	5	2247.4	377.967	1800	2850
河西区	4	2466	1192.954	1746	4250
津南区	3	1150	494.975	800	1500
滨海新区	11	1532	182.361	1340	1807
红桥区	1	1698	—	1698	1698
西青区	13	1799.431	407.749	1088	2450
静海区	1	1180	—	1180	1180
蓟州区	1	950	—	950	950

二、天津市分散式长租公寓区位分布特征

根据数据可知，天津市分散式长租公寓主要集中在市内河西区、河东区、南开区和环城的西青区。利用 Stata 软件对各行政区域内的长租公寓房屋价格进行描述性统计分析，获得了该数据集的最小值、最大值、平均值以及标准差等统计数据，具体见表3-5。研究结果显示，南开区和河西区的分散式长租公寓数量居多，分别为211个、167个。此外，这两个行政区的房屋数量与价格也要高于其他行政区。其中，河西区去除第六田园优仕庭园地下室价格的极值影响，河西区房屋价格的最小值是13639元/平方米，均值为

28207元/平方米，远远高于天津市其他区。近年来河西区不断发展，通过内提质效、外强招商，统筹空间、规模、产业三大结构，加快建设首善之区，打造品质城区，广泛吸引企业与人才，因此市场需求相对较高，房屋价格不断上涨。西青区发展相对不够完善，且处于郊区，远离中央商务区，因而市场需求相对较小，房屋价格略低。

表3-5　不同区域分散式长租公寓房屋价格描述性统计分析

行政区	小区数量（个）	房屋数量（万户）	均值（元/平方米）	标准差	最小值（元/平方米）	最大值（元/平方米）
南开区	211	14263.07	27736	10109	6621	97681
河东区	109	7073.97	27249	9045	9302	57196
河西区	167	14263.71	27722	10090	4409	94189
西青区	58	711.49	27429	9398.71	7511	63128

利用 Stata 软件对各行政区域内的分散式长租公寓租金价格进行描述性统计分析，获得了该数据集的最小值、最大值、平均值以及标准差等统计数据，具体见表3-6。同样可以看出河西区和南开区的分散式长租公寓的数量居多且租金高于其他行政区、租金范围跨度较大。这表明天津市分散式长租公寓项目亦更倾向于在市中心进行布局。这一现象的形成主要是因为以下几点。第一，市中心作为天津市的核心区域，交通网络发达，地铁、公交等公共交通设施完善，便于租客出行，这种便利性对于需要频繁通勤的上班族和学生群体尤为重要。第二，生活配套齐全，商业、教育、医疗等生活配套设施丰富，能够满足租客多样化的生活需求，为租客提供便捷的生活服务。第三，人口密集，市内六区是天津市人口最为密集的区域之一，吸引了大量外来务工人员、学生和年轻白领等群体，这

些人群对租赁住房的需求较大，为分散式长租公寓提供了广阔的市场空间。第四，运营商从市中心分散的房东手中取得房源，这些房源可能包括老旧小区、毛坯房、精装修房等不同类型的房屋，使运营商掌握多样化的房源，能够满足不同租客的居住偏好和需求；同时运营商根据房源的地理位置、装修程度、户型大小等因素对其进行差异化定价，能够满足不同租客的经济承受能力，确保公寓在市场上的竞争力。第五，运营商在市中心或环城区等人口密集区域集中布局分散式长租公寓，能够通过集中采购装修材料、统一运营管理等方式，实现规模效应和成本优化。此外，这些区域的高人流量和曝光度也有助于提升运营商的品牌知名度和美誉度。

表3-6　不同区域分散式长租公寓租金价格描述性统计分析

行政区	小区数量（个）	房屋数量（万户）	均值（元/月）	标准差	最小值（元/月）	最大值（元/月）
南开区	211	414.24	2998.26	3309.57	600	72000
河东区	109	171.54	2505.42	1846.02	650	35000
河西区	167	452.19	2787.22	2260.02	900	37000
西青区	58	147.03	2577.43	1278.19	710	13000

第四章　集中式长租公寓对社区住房价格的影响研究

　　本章先对所选取的变量进行初步统计分析，描述所选取样本相关数据特征，然后通过线性模型的检验和运算，检验模型回归结果的可信度。在此基础上，将"集中式长租公寓开业"作为准自然实验，通过匹配二手房交易房源和长租公寓明确地理信息，以特征价格模型和多期双重差分模型为基础，先确定集中式长租公寓对周边社区住房价格的影响范围，确认集中式长租公寓对周边 1200 米范围内的住宅房价产生显著的抑制性作用程度，然后将研究区域划分为 6 个距离环，从微观层面考察集中式长租公寓对周边社区住房价格影响的空间异质性和时间动态趋势效应。考虑到房价的空间溢出效应，运用莫兰指数（Moran's I）对天津市住宅社区二手房屋交易价格进行全局空间自相关检验，验证使用空间计量模型的必要性。接着，通过检验选择空间杜宾模型和空间滞后模型，从空间和时间的两大视角进一步分析天津市集中式长租公寓对周边社区住房价格的异质性影响。为提高研究结果的可信度，采用平行趋势检验、同时随机化政策发生时间和处理组的安慰剂检验及倾向得分匹配检验这三种方法提高结果的稳健性。最后，从宏观层面识别集中式长租公寓对周边社区住房价格影响的区域异质性，得出环城区集中式长租公寓对周边社区住房价格的抑制性更强的结论；并且分析探索集中式长租公寓的数量对社区住房价格影响效果的差异性，得出多个集中式长租公寓对社区住房价格的抑制影响更强的结论。

第一节 研究假设

从福利经济学的角度来看，舒适性发展环境对周边社区的房价有着显著影响，如新的交通线路或体育场等设施会对周围社区的住房价格产生整体积极影响[129]。而不良的土地使用会对周边社区住房价格产生负面影响，这种影响会随着远离不良因素而逐渐减弱。本研究将从以下几个方面分析集中式长租公寓对周边社区住房价格的影响效应。

第一，集中式长租公寓会改变周边区域的社会结构和特点，流动人口涌入所导致的人口密度增加会使区域内部积聚的系统性风险增强，由此引发公共交通拥堵、开放空间丧失、基础设施老化和公共物品供给不足等一系列问题[130]。根据消费者理论和特征价格理论，人们购买商品并非仅仅因为商品本身，而是基于产品所提供的实际效用价值。在住宅市场中，房价往往受到其物理环境特征带来的效用影响。因此，集中式长租公寓项目的开发可能会导致原本供本地居民娱乐消遣的场所和景点的消失。随着流动人口的增加，对公园、广场和其他邻里公共设施的使用和磨损也会增加。这些因素可能会降低有购买意愿的消费者对集中式长租公寓附近住宅交易价格的谈判能力，从而对房价产生抑制作用[131]。

第二，集中式长租公寓会影响附近居民的生活质量，触发邻避效应，从而削弱房价。根据外部性理论 [132]，集中式长租公寓租客在居住过程中可能会因为自身活动对周边相关方产生不利影响。一方面，噪声、交通和安全性等问题可能会使集中式长租公寓周边社区的住户产生不满。另一方面，相较于周边房屋所有者，集中式长租公寓租客的居住周期更为短暂，这可能会减少他们对改善公共环境以及社区设施的承诺，从而引发附近居民"不在我家后院"（Not In My Back Yard，简称 NIMBY）的邻避态度 [133]，对房价产生负面影响 [134, 135, 136]。

第三，集中式长租公寓会通过影响住房供需量抑制房价。根据供求理论，当供应量大于需求量时，商品价格会下降 [137]。一方面，集中式长租公寓的开业会增加区域内整体的住房供应数量，产生供应效应，进而引起区域内房价下跌，尤其是在集中式长租公寓项目供给规模较大且普通商品住房价格较高的区域，这种抑制作用更为显著。另一方面，从需求侧来看，集中式长租公寓具有较为完善的配套设施和较高的服务质量，且相较于普通商品住宅而言，租客无须一次性支付较高的费用。他们会更倾向于选择集中式长租公寓来解决居住问题，从而减少住房购买需求，降低周边房价。

根据上述分析，本研究提出如下研究假设。

假设 1：集中式长租公寓会对周边社区房价产生负向影响。

关于集中式长租公寓对房价影响的空间效应，从微观层面看，基于地理信息系统和空间分析领域的研究者已经证明，空间距离在解释房价分布时起到关键作用 [111, 138]。空间异质性理论强调，不同地理位置对市场和资源配置的影响存在差异，这也意味着集中式长租公寓对不同距离的房屋所有者产生的影响具有区域异质性特征 [139]。具体而言，靠近集中式长租公寓的普通商品住房住户更能体会到社区环境的不稳定性和生活质量的降低，集中式长租公寓的房价抑制效应更明显。相应地，距离集中式长租公寓更远的普通商品住房住户的邻避效应较弱，能够享受到的社区环境更好，集中式长租公寓的房价抑制效应相对较小。据此，提出假设 2。

假设 2：在微观空间层面上，集中式长租公寓对周边社区房价的影响存在异质性，体现为距离集中式长租公寓越近，周边社区房价受到的抑制影响越明显。

从宏观层面来看，城市中心区域的便利性将使住房价格产生空间分异。一方面，由于中心区域拥有便利的交通、丰富的商业和文化资源，以及更多的就业机会和生活便利性，通常具有更高的土地价值和房价，而城郊区域则相对较低。根据中心-边缘理论，我们可以推断，集中式长租公寓的出现很可能会对中心区域的房价产生更大的影响，因为中心区域的租赁需求更为旺盛。另一方面，根据供求理论，集中式长租公寓的出现可能会增加租赁市场的供给，从而对周边社区住房价格产生一定的抑制作用。但由于需求方面的差异性，对租赁需求更为旺盛的区域，集中式长租公寓的抑制效果会更强，因此集中式长租公寓对中心区域的住房价格抑制效应可能更为显著。结合上述分析，提出假设 3。

假设 3：在宏观空间层面上，集中式长租公寓对周边社区房价的抑制性影响具有非均质性，体现为对中心区域的影响较大，对城郊区域的影响较小。

从时间维度来看，不同时期集中式长租公寓对周边社区房价的影响也是存在差异的。一方面，房地产周期理论指出，房地产市场会随着经济活动变化在不同时点上经历周期性波动[140]，这意味着房价会随着集中式长租公寓的经营发展而发生动态变化。另一方面，演化经济学强调市场演化的动态性和市场参与者的适应过程[141]。在集中式长租公寓发展初期，由于其可能改变区域环境和引发邻避效应，周边住户的接受程度不高，需要时间适应这一新型住房形式带来的影响，因此对周边社区房价的抑制性冲击更大。随着时间的推移，相关单位或部门会逐渐加强对集中式长租公寓内部及其周边社区公共配套设施的维护，使区域环境得到改善，由此其负外部效应得以弱化，周边社区房屋所有者的居住质量得到提高，从而降低房价的抑制作用。根据上述分析，提出假设 4。

假设 4：随着时间的推移，集中式长租公寓对周边社区房价的影响效果逐渐变小。

第二节　研究设计

一、研究变量选择与测度

为了实现研究目的，本研究选取了小区位置和多期双重差分交互项等作为解释变量，选取了天津市 2015—2022 年普通商品住房二手房成交单价作为被解释变量，控制变量的选取基于特征价格理论，该理论认为房价是由各类特征要素的不同组合带给消费者的实际效用价值所决定的，因而选取区位特征、邻里特征、建筑特征等构建起房价的特征价格。

（一）被解释变量

房价。采用普通商品住房二手房交易单价来进行测量。采用二手房交易数据有两个原因：一是二手房的定价主要由中介和房东确定，考虑因素包括房屋质量、周边配套设施、附近新房价格以及心理因素，由于这些参考依据相对明确，二手房价格的波动较少，且信息相对充分；二是本研究所采用的基础模型是特征价格理论。该理论认为，房价反映了房屋各种特征属性的价值，因此利用微观数据可以有效控制特定变量对住房属性的影响，从而提高模型的精确度。

数据来源主要是通过网络爬虫软件 Python 在贝壳房地产交易网站对 2015 年 1 月至 2022 年 12 月天津市二手房交易数据进行抓取，得到 219576 条交易数据，数据包括小区名称、所在区域、楼层和成交价格等。具体被解释变量的类别、名称和量化方式在表 4-1 中详细列示。

（二）解释变量

（1）位置虚拟变量。本研究使用非线性半径环距离测定方式。有关住房项目溢出效应的研究中，距离门槛对房价影响效应的实证研究尚未达成共识。结合已有相关研究，尽管关于"周边"的界定尚未达成一致，但是距离阈值在 3000 米之内可以获得结果。因此，通过地理信息系统软件 ArcGIS 测距，选取样本项目周边 3000 米范围覆盖的小区。初步选择以距集中式长租公寓 400 米的环间隔，3000 米为总半径的研究范围。本研究的实验组是集中式长租公寓周边 1200 米内的住宅社区，对照组是集中式长租公寓周边 1200~3000 米的住宅社区，因此属于实验组的住宅社区赋值为 1，控制组的住宅社区赋值为 0。研究目标是探讨长租公寓对周边社区房价的影响，重点关注以下两个方面：一是分析长租公寓的存在如何改变周边社区房价，特别是在何种距离范围内其影响最为显著；二是探讨随着集中式长租公寓存在年限的增加，其对周边社区房价的影响效果是否呈现出一定的规律性变化。

（2）多期双重查分交互项。为了研究集中式长租公寓开业前后对房价影响的差异性，本研究收集了集中式长租公寓项目的关键时间点构造时间的分组虚拟变量。这里以集中式长租公寓网上公布的开业时间作为关键时间节点构造出时间的分组虚拟变量。二手房交易年份在集中式长租公寓影响范围内且在开业之后赋值为 1，否则赋值为 0。

（3）时间虚拟变量。集中式长租公寓开业年份之前的房产交易赋值为 0，开业年份之后的房产交易赋值为 1。

（4）时间动态趋势。开业年数与实验组乘积。其中，开业年数分别为 1、2、3、4、5。实验组在集中式长租公寓影响范围内且在开业之后赋值为 1，否则赋值为 0。重点考察随着集中式长租公寓开业年份的增加，其对周边社区房价影响的动态变化。

具体解释变量的类别、名称和量化方式在表 4-1 中详细列示。

表4-1 变量说明与测度

变量类别	变量名称	变量代码	变量测度
被解释变量	普通商品住房价格	P_i	普通商品住房社区 i 内二手房成交单价（元/平方米）
解释变量	位置虚拟变量	$D; P_i$	若普通商品住房社区位于集中式长租公寓项目影响范围之内，赋值为1；否则赋值为0；i=1, 2, 3
	多期双重差分交互项	$D*time$ R_i*time	实验组与时间变量乘积；i=1, 2, 3
	时间虚拟变量	times	集中式长租公寓开业年份之前交易赋值为0，否则赋值为1
	时间动态趋势	$trend_i \times D$	开业年数与实验组乘积。其中，开业年数 i 分别为1、2、3、4、5。实验组在集中式长租公寓影响范围内且在开业之后赋值为1，否则赋值为0

（三）控制变量

国内外关于住宅价格的研究已经取得了丰硕成果，特征价格法是其主要采用的研究方法。特征价格法认为住宅的价格受其特征的影响，特征不同则具有不同的使用价值，因而反映在价格上也存在差异。自巴特勒（Bulter）提出特征价格模型并指出建筑特征、区位特征和邻里特征是影响房价的三大类因素以来，国内外学者普遍以特征价格理论为基础进行房地产市场研究。本书也以此为参照，选择区位特征、邻里特征和建筑特征作为控制变量展开研究。

建筑特征主要指与住宅自身特征相关的变量，如住宅建筑面积、房龄、绿化率、容积率、物业费等。本研究的研究对象之一是住宅社区，因而建筑特征选择小区的住房类型、房屋建筑结构、房龄、绿化率、容积率、物业费等。一般而言，拥有更优质建筑特征的住宅在房地产市场中的价格较高，这是因为购房者更愿意为更多的空间和更好的居住体验支付更高的价格[142]。

区位特征对于住宅价格具有重要影响。无论对于开发商还是购房者而言，房屋周边便捷的交通条件、完善的公共配套设施和怡人的周边环境等特征往往很吸引人。大量研究表明，购房者更偏向于拥有位于海景、河景或公园景观等优美风景地段的房产，并愿意为处于此类地段的房产支付更高的价格。

邻里特征主要体现在社区的周边环境和生活配套完善程度，有学者[64]确定了HPM（Hedonic Price Model，特征价格模型）邻里属性的重要性。学者通常会选择与居民生活质量有关的因素，如教育配套、景观配套、医疗配套和商业配套。教育配套通常指周边拥有各级学校，包括大、中、小学等；医疗配套指的是周边设有医院，或居民前往医院十分便利；景观配套则指周边配有公园、绿地等绿化区域；而商业配套指周边拥有超市、银行等配套设施。

参考以往学者的研究成果，本研究引入集中式长租公寓项目的虚拟变量后，最终选取了14个特征变量。这些变量涵盖了建筑特征、区位特征和邻里特征，通过分等级赋值以及设置虚拟变量等方式对各变量指标进行了量化。具体而言，建筑特征方面，本研究选取了住房类型、建筑结构、容积率、绿化率、房龄和物业费等6个与住宅本身性能相关的变量；区位特征方面，包括了住宅所在区域（以滨海新区为参照组，共设置了9个虚拟变量）和公共交通状况等3个变量；邻里特征方面，本研究考虑了教育配套、生活配套、文娱配套3个经济变量。

控制变量的数据获取方式是在贝壳网站上，先对天津市住宅社区信息进行抓取，共计获得6049条小区信息，里面包括建筑特征信息如小区建成年代、物业费、绿化率、容积率和经纬度信息等。区位特征和邻里特征数据通过地理信息系统软件 ArcGIS10.8 计算而来，然后将社区房价数据和各变量拟合形成面板数据。具体变量的类别、名称和量化方式在表 4-2 中详细列示。

表 4-2　控制变量说明与测度

控制变量	变量名称	变量代码	变量测度
区位特征	区域	L	以滨海新区为参照组，设置东丽区、和平区、河北区、河东区、河西区、津南区、南开区、红桥区、西青区为因变量
	距离	Dist	集中式长租公寓到普通商品住房社区的距离（米）
	公共交通	dis_{subway}	普通商品住房社区到最近地铁站的距离（米）
		dis_{bus}	普通商品住房社区到最近公交站的距离（米）
邻里特征	生活配套	dis_{abbr}	普通商品住房社区到最近超市的距离（米）
		dis_{bank}	普通商品住房社区到最近银行的距离（米）
		$dis_{hospital}$	普通商品住房社区到最近综合医院或诊所的距离（米）
	文娱配套	entertainment	普通商品住房社区 1000 米范围内有无文化中心、艺术馆、旅游景点、购物中心（一项 1 分，最高 4 分）
	教育配套	education	普通商品住房社区 1000 米内有无幼儿园、小学、中学、大学（一项 1 分，最高 4 分）
建筑特征	住房类型	Housetype	对普通商品住房类型赋值：3 层及 3 层以下为低层住宅（0），4~6 层为多层住宅（1），7~9 层为中高层住宅（2），10~30 层为高层住宅（3），31 层及以上为超高层住宅（4）
	建筑结构	structure	塔楼赋值为 0，板塔赋值为 1，板楼赋值为 2
	容积率	Plotratio	普通商品住房社区的总建筑面积与用地面积的比率
	绿化率	greenrate	绿地面积 / 规划建设土地面积
	房龄	age	普通商品住房竣工验收交付使用至挂牌期间的年限
	物业费	propertycosts	每平方米每月收取的物业费

二、数据处理

首先，确定好集中式长租公寓样本后在规划云上获取 POI 数据，包括集中式长租公寓名称、地址、经纬度信息等。接着，分别将集中式长租公寓项目、住宅社区的 POI 信息导入到 ArcGIS 软件中，以集中式长租公寓项目为圆心，筛选出半径为 3000 米范围内的住宅社区。最后，将上述信息与天津市从 2015 年 1 月至 2022 年 12 月共 228418 条普通二手房住宅交易数据相关联。由于本研究的研究对象是普通商品住房的价格，故从中剔除别墅和经济适用房。本研究的重点是距离项目 3000 米范围内的住宅社区，因此初步筛选出集中式长租公寓周边 3000 米范围内的住宅社区 867 个。

小区的建筑特征数据如房龄、容积率等可以采用八爪鱼采集器在贝壳网站上进行采集。为了得到区位特征变量数据，利用 Python 语言编程从高德地图中抓取学校、超市、银行、地铁站和公交站等坐标、类别、名称等 POI 信息。通过对获取的数据进行整理，剔除重复或者属性缺失的部分数据，然后借助 ArcGIS 软件以住宅社区为圆心建立不同半径的缓冲区，计算出距离小区 1000 米范围内教育配套、文娱配套以及距离生活配套（如到超市、银行）的距离等。

缺失值的处理主要指对住宅社区的容积率、绿化率等特征变量暂无数据的样本进行筛选剔除，最后得到距离项目 3000 米范围内有效住宅社区样本 787 个。各行政区住宅社区样本量分布如表 4-3 所示，其中东丽区样本量有 26 个，南开区 227 个，和平区 49 个，滨海新区 23 个，河东区 113 个，河北区 67 个，河西区 187 个，津南区 7 个，红桥区 39 个，西青区 49 个。

表4-3　天津市各行政区住宅社区样本量分布

所属区域	样本量	百分比（%）
东丽区	26	3.3
南开区	227	28.84
和平区	49	6.23
滨海新区	23	2.92
河东区	113	14.36
河北区	67	8.51
河西区	187	23.76
津南区	7	0.89
红桥区	39	4.96
西青区	49	6.23
总计	787	100

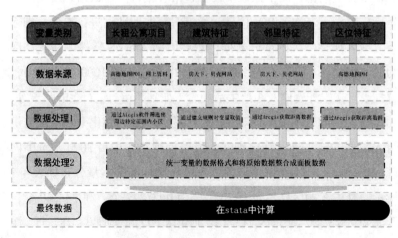

图4-1　数据采集与处理流程图

三、样本选择

集中式长租公寓在不同城市呈现不同的发展特点。天津市作为中国的重要城市之一，住房租赁市场发展迅速，拥有大量集中式长租公寓项目。天津市政府和相关机构数据透明度较高，便于研究者获取各种公共数据，适宜作为研究区域。截至 2024 年 1 月，天津市共有 20 家集中式长租公寓品牌，涵盖近 60 个项目。为了研究集中式长租公寓对周边普通商品房住宅社区房价的时间趋势效应，本研究排除了 2022 年和 2023 年新开业的项目。另外，根据集中式长租公寓领域专家的建议，本研究从产品体量、租金水平、市场份额、出租率等多个维度选择具有代表性的门店，最终确定 34 家集中式长租公寓样本项目（表 4-5）及其周边的商品房住宅社区作为研究对象，将集中式长租公寓项目的特征纳入模型，以探究其对住宅价格的影响。这些样本项目分布在天津市的不同区域，各个行政区中所确定的集中式长租公寓研究项目数量如表 4-4 所示。

表 4-4　集中式长租公寓研究样本门店分布区域

序号	所属区域	集中式长租公寓项目个数
1	东丽区	6
2	河东区	5
3	滨海新区	5
4	河西区	4
5	南开区	4
6	西青区	6
7	和平区	1
8	河北区	1
9	红桥区	1
10	津南区	1

表4-5　集中式长租公寓研究样本项目开业年份

序号	样本项目名称	区域	开业年份
1	龙湖冠寓（天津音乐学院店）	河东区	2017
2	龙湖冠寓（天津泰达地铁站店）	滨海新区	2020
3	龙湖冠寓（天津塘沽河北路店）	滨海新区	2018
4	龙湖冠寓（天津大津城店）	西青区	2019
5	龙湖冠寓（天津西康路店）	和平区	2019
6	有巢公寓（天津之眼店）	河北区	2020
7	津居·乐寓	南开区	2021
8	天住领寓（棉三店）	河东区	2018
9	天住领寓（河西区人才公寓店）	河西区	2018
10	怪兽充电（天住领寓空港店）	东丽区	2018
11	首创Hé寓（双港店）	津南区	2018
12	龙湖冠寓（天津东丽开发区店）	东丽区	2020
13	龙湖冠寓（天津南开王顶堤店）	南开区	2020
14	龙湖冠寓（天津天保青年公寓店）	东丽区	2018
15	龙湖冠寓（天津友谊路店）	河西区	2018
16	龙湖冠寓（天津十一经路桥店）	河东区	2018
17	龙湖冠寓（天津卫国道店）	河东区	2018
18	龙湖冠寓（天津黑牛城道店）	河西区	2018
19	龙湖冠寓（天津空港店）	东丽区	2019
20	龙湖冠寓（天津华苑复康路桥店）	南开区	2018
21	龙湖冠寓（天津华苑复康路桥二店）	南开区	2018
22	龙湖冠寓（天津四大街店）	开发区	2018
23	泊寓（中北店）	西青区	2018
24	泊寓（水西公园店）	西青区	2018
25	泊寓（滨海会展中心店）	滨海新区	2018
26	泊寓（新八大里店）	河西区	2018

序号	样本项目名称	区域	开业年份
27	泊寓（华苑产业园南店）	西青区	2018
28	泊寓（勤俭道店）	红桥区	2018
29	泊寓（东第店）	西青区	2018
30	泊寓（津滨大道店）	东丽区	2018
31	泊寓（音乐学院店）	河东区	2018
32	泊寓（万新店）	东丽区	2018
33	泊寓（华苑产业园北店）	滨海新区	2018
34	泊寓（天津中北工业园区店）	西青区	2019

通过表 4-5 可以看到，研究样本中的第一家门店是在 2017 年开业的，大部分项目在 2018 年开业，最晚开业的门店是天津安居发展有限公司所打造的天津集中式长租公寓项目"津居·乐寓"，于 2021 年 7 月正式开业。

四、模型构建

（一）基准多期 DID 模型

1. 空间异质效应模型

本研究共分三个步骤开展实证分析。首先，依据特征价格模型基于线性和环形两种类型的距离衡量方式分析集中式长租公寓位置属性对房价产生的影响，采用三个距离环分析对房价产生的影响效应的原因，确认是否同一因素在空间分布上的差异也会对住房价格产生不同影响。在决定居住地时，居民不仅仅是在选择住房本身，更是在选择与地理位置相关联的公共设施和服务。在这个模型中，房价是由物理属性和位置属性的水平以及与项目地点的接近程度决定的。下面分别列出两种特征价格模型：

$$\ln P_{it} = \alpha + \beta Dist_{it} + \sum_k \gamma_k H_{itk} + \sum_y \delta_y Y_{ity} + \sum_l \varphi_l L_{itl} + \varepsilon_{it} \quad 模型\ 4\text{-}1$$

$$\ln P_{it} = \alpha + \sum_r \pi_r R_{ir} + \sum_k \gamma \beta_k H_{itk} + \sum_y \delta_y Y_{ity} + \sum_l \varphi_l L_{itl} + \varepsilon_{it}\ 模型\ 4\text{-}2$$

i 表示房产交易的数量（其中 i=1，2，…N），t 表示交易的年份（t=1，…T）。P 是住宅社区 i 的年平均房产交易价格的（N×1）矩阵向量，其中 N 是观测值总数。Dist 是每个交易与项目地点之间线性距离（N×1）的向量。R 是半径环距离（N×r）矩阵，其中 r 是虚拟变量的数量。H 是（N×k）影响房产价格的特征变量，k 是该变量的数量。Y 是包含年度时间虚拟（N×y）矩阵，表示在二手房 i 的交易年份是集中式长租公寓项目开业年份为 1，否则为 0；L 是（N×1）阶区域虚拟变量矩阵，其中 y 和 1 分别是时间虚拟变量和位置虚拟变量的数量。ε 是独立且同分布误差项（N×1）的向量。

在线性距离效应估计当中，模型 4-1 表示随着距离集中式长租公寓项目每增加 1000 米对房价产生的边际影响效应。模型 4-2 中的 π 是非线性效应相关的系数向量（r×1），该非线性效应估计了分别在影响区域 Ring1~Ring3 与对照区域相比的公寓价格。γ 是与特征变量 H 相关的(k×1)阶系数矩阵，δ 是与时间虚拟变量（Y）相关的（y×1）阶系数矩阵，本研究使用半对数形式，该形式被广泛用于特征房价模型，因为它表示增加的房价与房产特征成比例变化，并且估计的系数让人一目了然（即作为弹性的衡量标准）。

为了与空间 DID 模型做对比，本研究先将 DID 放入基础特征价格模型当中。由于 34 个集中式长租公寓项目开业时间不同，因此与标准的双重 DID 模型不同，多期的差分中差分模型允许在样本中存在各自不同的政策实施年份，这种模型无需引入单独的分组虚拟变量和时间虚拟变量，而只需要保留它们的交互项。当住宅社区位于研究范围内，则 D 取值为 1，否则为 0，若交易时间在集中式长租公寓开业时间后 time 取值为 1，否则为 0，模型如下：

$$\ln P_{it} = \alpha + + \theta(D_{it} \times time_{it}) + \sum_k \gamma_k H_{itk} + \sum_y \delta_y Y_{ity} + \sum_l \varphi_l L_{itl} + \varepsilon_{it} \quad 模型 4\text{-}3$$

为了进一步研究集中式长租公寓对周边社区房价的空间影响效应，本研究对处理组分别设定辐射范围为 0~400 米、400~800 米和 800~1200 米，对照组分别设定辐射范围为 1200~1800 米、1800~2400 米和 2400~3 000 米，以此来探究影响效应的变化。

$$\ln P_{it} = \alpha + \sum_r \varphi_r(R_{itr} \times time_{it}) + \sum_k \gamma_k H_{itk} + \sum_y \delta_y Y_{ity} + \sum_l \varphi_l L_{itl} + \varepsilon_{it} \quad 模型 4\text{-}4$$

2. 时间动态趋势效应模型

为考察集中式长租公寓对周边社区住房价格影响效应的动态变化，参考郭峰等[137, 138]学者的做法，定义如下变量：如果 t>c，则 trend=t − c，可以视该变量为集中式长租公寓的开业年龄，否则 trend=0，其中 c 表示集中式长租公寓的开业年份，t 表示二手房交易年份。此时模型为：

$$\ln P_{it} = \alpha + \sum_r \phi_r(trend_{it} \times D_{it}) + \sum_k \gamma_k H_{itk} + \sum_y \delta_y Y_{ity} + \sum_l \phi_l L_{itl} + \varepsilon_{it}$$

$$模型 4\text{-}5$$

（二）空间计量模型

根据沃尔多·托布勒提出的地理学第一定律，本研究了解到一切事物都彼此相互关联，而这种关联性通常与事物之间的距离密切相关。这一定律同样适用于住房市场。由于房地产市场流动性较差且交易不透明，市场参与者可能无法轻易评估其房屋的适当价格，为了就交易价格达成一致，买卖双方可能会极大地依赖具有可比特征的附近房产的历史价格信息，从而导致住房交易之间的强烈空间相关性。因此，集中式长租公寓开业后对周边社区房价的影响具有空间传递性，比如在集中式长租公寓开业之后，项目附近房价上涨的卖家可能也会要求相同的溢价，这一点被广泛接受。鉴于传统计量模型可能导致严重的估计偏误，因而本研究选择采用空间计量模型对集中式长租公寓对房价产生的影响进行实证分析。

1. 空间自相关性分析

（1）空间全局自相关性

在进行空间计量回归之前，需要先进行全域空间自相关分析，以评估空间单元之间某一要素的观测值是否存在相似性。通常，全域空间自相关分析采用的测度指标为莫兰指数。其计算公式如下：

$$I = \frac{\sum_{i=1}^{n}\sum_{j=1}^{n}w_{ij}(x_i-\bar{x})(x_j-\bar{x})}{S^2\sum_{i=1}^{n}\sum_{j=1}^{n}w_{ij}} \qquad 模型\ 4\text{-}6$$

在模型 4-6 中，样本方差 $S^2 = \frac{\sum_{i=1}^{n}(x_i-\bar{x})^2}{n}$ 被用来衡量数据集的变异程度，其中 x_i 表示样本数据点，$\bar{x}$ 表示样本均值，n 表示样本数量。另外，w_{ij} 为空间权重矩阵的（i，j）元素，用来度量区域 i 和区域 j 之间的距离，而空间矩阵之和 $\sum_{i=1}^{n}\sum_{j=1}^{n}w_{ij}$ 则代表了空间权重的总体分布。莫兰指数通常介于 -1 到 1 之间，大于 0 表示正自相关，即高值与高值相邻，低值与低值相邻；小于 0 表示负自相关，即高值与低值相邻。通常情况下，正自相关比负自相关更为普遍。当莫兰指数接近于 0 时，表明空间分布趋于随机，不存在明显的空间自相关。在本研究中，计算得到的莫兰指数为正数，这表明高房价区域与高房价区域之间存在一定的空间自相关性。

（2）空间局部自相关性

空间全局自相关是指在研究区域内相似属性值的平均集聚程度。与之相反，空间局部自相关则探究当空间位置发生变化时，不同区域之间的空间联系是否也随之变化。这两种自相关并不相互从属，但在需要进一步考虑是否存在预测值的高值或低值的局部空间集聚时，必须进行空间局部自相关分析。为此，本研究采用了局部莫兰指数来测量空间局部自相关性，其计算公式如下：

$$I_i = \frac{(x_i - \bar{x})}{S^2} \sum_{j=1}^{n} w_{ij}(x_j - \bar{x}) \qquad \text{模型4-7}$$

局部莫兰指数只有正负之分。当$I_i>0$时，表示存在局部正向自相关，也就是说，区域内高值之间相邻，低值之间相邻，即高高集聚和低低集聚；若$I_i<0$，则说明存在局部负向自相关，表现出高低集聚或低高集聚状态。除局部莫兰指数外，局部莫兰散点图也可以直观呈现出空间局部自相关形式，与指数相比，它可以进一步具体区分出区域与周边之间是属于哪种集聚状态。

2. 空间权重矩阵

在度量空间自相关时，需要先定义空间对象的邻接关系，即空间权重矩阵。空间权重矩阵是一个二维矩阵，对于有 n 个样本单元的研究区域，常用的空间权重矩阵有两种形式：地理特征空间权重矩阵和经济社会特征空间权重矩阵。其中，基于地理特征的空间权重矩阵有地理邻接权重矩阵和地理距离权重矩阵，本研究以地理距离权重构建空间权重矩阵，实证检验集中式长租公寓对周边社区房价的直接影响、间接影响以及空间溢出效应。其空间权重矩阵W和空间权重矩阵元素的表达式如下（W_{ij}代表 i 区域和 j 区域的邻近关系）：

$$W = \begin{bmatrix} w_{11} & w_{12} & \cdots & w_{1n} \\ w_{21} & w_{22} & \cdots & w_{2n} \\ \vdots & \vdots & \vdots & \vdots \\ w_{n1} & w_{n2} & \cdots & w_{nn} \end{bmatrix}$$ 模型 4-8

$$W_{ij} = \begin{cases} \frac{1}{d_{ij}}, i \neq j \\ 0, i = j \end{cases}$$ 模型 4-9

3. 空间计量模型

空间计量模型是一种研究空间效应的重要工具，主要涉及空间自相关性和空间异质性两个方面。空间自相关性是指空间单位的观测值并非独立存在，当相关程度受到其绝对和相对位置的影响时，不同地区的样本观测值之间存在相关性。而空间异质性则是由空间单位的差异性导致的空间效应在区域层面上的非均匀性。根据空间计量模型对"空间"的不同体现方式，可以将其分为空间滞后模型、空间误差模型和空间杜宾模型。其中，空间滞后模型假设空间相关效应主要由被解释变量引起，空间误差模型则假设空间相关效应由误差项的空间相关性引起，而空间杜宾模型则认为空间相关性主要由解释变量的空间关联效应引起。鉴于后续检验结果，本研究选择了空间滞后模型和空间杜宾模型展开进一步研究。

空间滞后模型表达式：

$$Y = \rho WY + \beta X + \varepsilon$$ 模型 4-10

其中，Y 是存在空间相关的被解释变量，W 表示空间权重矩阵。空间滞后模型揭示了被解释变量不仅受本地区解释变量的影响，还受到相邻地区被解释变量的影响。ρ 表示空间滞后系数，如果 $\rho>0$，表示存在正的空间相关关系，如果 $\rho<0$，表示存在负的空

间相关关系。

空间杜宾模型表达式：

$$Y = \delta WX + \beta X + \varepsilon \qquad \text{模型 4-11}$$

其中，δWX 表示来自相邻地区自变量的影响，δ 为相应的系数向量。W 为空间权重矩阵，X 为自变量。

4. 空间异质效应模型

根据以上空间基础模型，结合本研究的研究设计，为了能更直接、更精确地评估集中式长租公寓对周边社区房价的影响效应，本研究通过空间自回归项扩展基准特征价格模型，并加入时间虚拟变量和影响区域的交互项量化验证集中式长租公寓开业前后周边社区房价的差异，构建出的空间滞后模型和空间杜宾模型的表达式分别如下：

$$lnP_{it} = \alpha + \rho WP_{it} + \theta(D_{it} \times time_{it}) + \sum_k \gamma_k H_{itk} + \varepsilon_{it} \qquad \text{模型 4-12}$$

$$lnP_{it} = \alpha + \rho WR_{it} \times time_{it} + \sum_r \varphi_r(R_{itr} \times time_{it}) + \sum_k \gamma_k H_{itk} + \varepsilon_{it} \qquad \text{模型 4-13}$$

$$lnP_{it} = \alpha + \rho WH_{it} + \theta(D_{it} \times time_{it}) + \sum_k \gamma_k H_{itk} + \varepsilon_{it} \qquad \text{模型 4-14}$$

$$lnP_{it} = \alpha + \rho WR_{itr} \times time_{it} + \sum_r \varphi_r(R_{itr} \times time_{it}) + \sum_k \gamma_k H_{itk} + \varepsilon_{it} \qquad \text{模型 4-15}$$

其中，$time$ 是集中式长租公寓开业后虚拟变量（$N \times 1$）的向量，如果周边社区住房交易发生在公寓开业之后等于 1，否则等于 0。θ 和 φ 是集中式长租公寓开业效应的合成双重差分（SDID）估计值，该效应反映了其开业后距离项目现场 1000 米的平均公寓价格的变化。若该系数是负数，表示与项目地点的接近程度相关的正价格效应。在集中式长租公寓影响范围内且在开业之后为 1，否则为 0。γ 是影响集中式长租公寓价格的其他控制变量的系数，DID 分析的一个重要假设是剩余系数保持不变。

W 是（N×N）空间权重矩阵，它用于描述不同空间单位之间的关联程度。常见的空间权重矩阵包括基于地理特征和基于经济社会特征的两种类型。其中基于地理特征的空间权重矩阵主要分为地理邻接空间权重矩阵和地理距离空间权重矩阵，本研究所采用的是地理距离空间权重矩阵，它是一种基于地理位置的空间分析方法，通过计算两个点之间的地理距离来确定它们之间的空间关系。交互项表示由空间权重矩阵指定的相邻公寓的平均价格，空间系数 ρ 衡量房价与其相邻房屋平均价格之间的相关性，即相邻房价平均增长对自身交易价格的空间自回归效应。空间权重矩阵的构建基于单向时间因果关系，以确保空间自回归过程仅发生在最近销售的资产和未来销售之间，而不是相反。

5. 时间动态趋势效应模型

在前文集中式长租公寓对周边社区住房价格产生影响的动态效应构建的模型基础之上，考虑到空间溢出效应，所构建的空间滞后模型和空间杜宾模型表达式分别如下：

$$lnP_{it} = \alpha + \rho WP_{it} + \sum_r \varphi_r(trend_{it} \times D_{it}) + \sum_k \gamma_k H_{itk} + \varepsilon_{it} \qquad 模型\ 4\text{-}16$$

$$lnP_{it} = \alpha + \rho Wtrend_{it} \times D_{it} + \sum_r \varphi_r(trend_{it} \times D_{it}) + \sum_k \gamma_k H_{itk} + \varepsilon_{it} \qquad 模型\ 4\text{-}17$$

第三节　实证检验

一、描述性统计

（一）因变量描述性统计

本节对天津市 2015—2022 年的 787 个样本小区内二手房的交

易价格进行了描述性统计分析，结果如表 4-6 所示，从表中可以看出，二手房交易小区数量呈现递增趋势，其中 2015 年和 2016 年的小区年度成交均价最低，分别为 17466.01 元和 23470.44 元。从 2017 年起，成交均价在 30000 元左右浮动，在所有年份当中年平均成交均价最高的年份是 2017 年，达到了 33276.31 元。总体来看，这 8 年的二手房年平均交易价格为 27695 元／平方米，最高值为 2022 年的 105372.3 元／平方米。从直方图可以清晰看出年度成交价格均值小于中位数和众数，呈现出右偏分布状态，这与学者们[139]对天津市二手房交易市场的研究结果一致，说明本样本的选择较为合理。为了提高研究结果的可信度，本研究对房价取对数得到 lnP，取完对数后可以看到因变量的数据呈现完全正态分布（图 4-2）。

表 4-6　因变量的描述性统计结果

变量（元／平方米）	平均值（元）	标准差	最小值（元）	最大值（元）
总二手房成交价	27695	11951	7031	115736
2015 年二手房成交价	17466.01	5961.96	7031	48323
2016 年二手房成交价	23470.44	8288.79	9378.63	63412.14
2017 年二手房成交价	33276.31	11022.74	14093.19	10060
2018 年二手房成交价	30752.63	11064.95	12524.13	115736
2019 年二手房成交价	30386.33	11129.83	11227.53	84697.53
2020 年二手房成交价	29156.95	11236.47	10441.75	96403.86
2021 年二手房成交价	29020.66	12620.37	8543.14	98955
2022 年二手房成交价	28027.46	14552.76	7880.43	105372.30

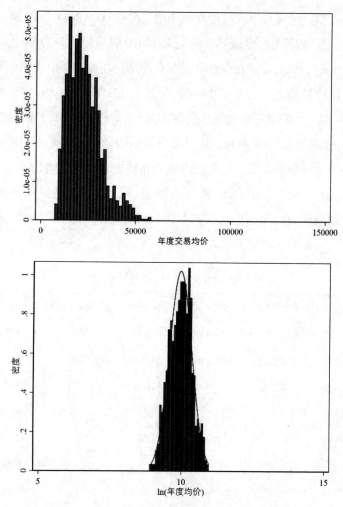

图4-2　二手房年交易均价分布直方图

（二）其他变量描述性统计

对其他变量进行描述性统计结果发现（见表4-7），公寓周边成功交易的二手房住宅类型多为 4~6 层的住宅，样本中的二手房位于低楼层、中低楼层、高楼层和超高楼层的比例分别为 47.45%、16.06%、31.39%、5.10%。房屋结构多为板楼，这是因为板楼的采光和户型普遍较好，因此大部分人在购买二手房时候更倾向于选择居住舒适的板楼，并且板楼的楼层往往较低，这一结果也显示出人们对低层住宅偏好的原因。另外可以清晰地看到，这些小区距离地铁站和公交站等都不远，最远距离在 7026 米和 3962 米左右，与餐馆、银行、超市和医院的距离大部分在 500 米左右，60% 的住宅社区 1000 米内就有景点配套设施，这初步说明人们选择二手房是基于其周边的区位环境和配套设施，绿化率和容积率也在考虑范围内。总体来看样本设计较为合理，并无异常值。

表 4-7　其他变量的描述性统计结果

变量	N	平均值	标准差	最小值	最大值
二手房成交均价 P（元/平方米）	6269	27695	11951	7031	115736
lnP	6269	10.15	0.388	8.858	11.66
社区所在位置	6269	0.418	0.493	0	1
开业时间	6269	1.065	1.426	0	6
时间虚拟变量	6269	0.446	0.497	0	1
R_1（0~400 米）	6269	0.07	0.255	0	1
R_2（400~800 米）	6269	0.156	0.363	0	1
R_3（800~1200 米）	6269	0.192	0.394	0	1
普通商品住房社区到集中式长租公寓距离	6269	1440	743.1	35.10	3000
住宅类型	6269	1.723	0.909	0	4

续表

变量	N	平均值	标准差	最小值	最大值
建筑结构	6269	1.732	0.614	0	2
房龄	6269	24.44	8.666	2	44
绿化率	6269	0.245	0.076	0.100	0.58
容积率	6269	1.849	0.689	0.660	5.90
物业费	6269	0.816	0.779	0.010	8
到地铁站距离	6269	695.2	564.3	4.214	7026
到公交站距离	6269	240.6	168.0	6.173	1445
到银行距离	6269	265.6	232.1	1.121	2039
到超市距离	6269	605.6	442.4	10.36	4732
到医院距离	6269	305.4	268.3	3.133	2585
文娱配套	6269	3.052	1.056	0	4
教育配套	6269	2.119	1.195	0	4
所属区域	6269	5.535	3.060	1	10

（三）共线性检验

本研究采用方差膨胀因子（VIF）进行模型的共线性检验。如表4-8所示，所选入模型的变量的 VIF 值介于 1.03 和 2.39 之间，远低于 5 的临界值，表明模型不存在显著的多重共线性问题。特别值得注意的是，除了项目所在行政区的虚拟变量外，其他特征变量对于住宅价格的影响与预期一致。综合以上分析，线性模型的检验和计算表明，所得的回归结果具有较高的可信度，能够较为准确地展现天津市二手房交易价格与各特征变量之间的关系。

表 4-8　共线性检验结果

变量	VIF	1/VIF
到银行距离	2.39	0.418917
到医院距离	1.94	0.515762
房龄	1.86	0.537605
到超市距离	1.84	0.543601
教育配套	1.67	0.597361
文娱配套	1.60	0.624681
到地铁站距离	1.55	0.645553
物业费	1.52	0.658574
到公交站距离	1.43	0.697099
住宅类型	1.32	0.759312
容积率	1.23	0.810637
房屋结构	1.18	0.848111
集中式长租公寓距小区距离	1.06	0.946462
绿化率	1.03	0.967259
MeanVIF	1.57	

二、实证结果

（一）基准回归分析

本研究采用了豪斯曼（Hausman）检验回归模型来确定使用固定效应回归模型还是随机效应回归模型，检验结果如表4-9所示。根据检验结果，在 1% 的显著性水平下，拒绝了原假设，表明应该采用固定效应回归模型。

表 4-9 Hausman 检验结果

方法	chi2	P-Value
Hausman-Test	328.77	0.0000

　　本研究为做对比首先不考虑房价之间的空间自相关性，采用特征价格模型对初始模型进行逐步回归调整，把集中式长租公寓距住宅社区的距离视为影响房价的属性，同其他影响房价的交通设施、区位特征、建筑特征等因素分别代入模型 4-1 进行分析。在控制了年份和区域效应之后得到 HPM 模型（混合物理模型）的回归统计结果，得出整体回归系数估计值的系数 R^2 为 0.750，F 值为 506.55。在重点关注的集中式长租公寓距离影响变量中，住宅小区距集中式长租公寓距离的估计系数为 0.01，在 1% 的水平上显著，即控制了小区环境、区位因素等，住宅价格会随着与集中式长租公寓项目的距离增加而提高。容积率对房价具有抑制作用，表明人们更偏向于选择低密度小区的低楼层住宅，因为住宅自身容积率的增加会导致小区建筑密度的增加，从而使得居住环境质量下降。建筑特征中房龄、住宅类型、房屋结构、物业费对房价具有正向促进作用，说明建筑本身的质量与品质对住宅价格具有重要影响。区位特征中距离地铁站、公交站、银行和超市的距离与房价呈负相关，说明小区离公共交通和周边银行、超市的距离越远，房价越低，表明交通可达性和临近餐馆、银行等能够显著提高房价。另外，小区周边 1000 米各类配套如文化馆、美术馆、购物中心、景点的数量与房价呈正相关，教育配套前的系数为 0.01，且在 1% 水平上显著，说明上述变量的变化符合理论预期。

表 4-10　基准特征价格模型估计结果

变量	Coefficient	Robust.std.err	t 值	Prob.
Dist	0.01	0.003	4.11	0.000
age	0.002	0.001	4.43	0.001
Plotratio	−0.000	0.005	−0.02	−0.01
greenrate	0.422	0.045	9.29	0.333
Housetype	0.009	0.004	2.13	0.001
structure	0.015	0.005	3.22	0.006
propertycosts	0.051	0.007	7.68	0.000
dis_subway	−0.033	0.006	−2.2	0.000
dis_bus	−0.004	0.001	−5.44	0.000
dis_bank	−0.003	0.000	−3.01	0.000
dis_abbr	−0.003	0.000	−4.3	0.000
dis_hospital	0.014	0.009	3.57	0.000
entertainment	0.067	0.003	20.86	0.061
education	0.01	0.003	4.00	0.005
年份固定效应	是	—	—	—
区域固定效应	是	—	—	—
_cons	9.019	0.035	261.04	0

根据表 4-10 结果，进一步研究集中式长租公寓对周边社区住房价格的影响范围，以各集中式长租公寓项目研究样本为中心，将研究区域划分为距离集中式长租公寓半径 600 米、1200 米、1500

米范围的同心圆，研究不同范围内集中式长租公寓对周边社区住房价格影响的差别。如距离集中式长租公寓1200米以内的小区取1，其他取0；距离集中式长租公寓1500米以内小区为1，其他取0。依此类推，将数据代入模型4-2中，该变量回归结果如表4-11所示。

表4-11 影响范围分析结果

变量	（1）	（2）	（3）
	lnUnitPrice	lnUnitPrice	lnUnitPrice
r600	−0.022**	—	—
	0.007	—	—
r1200	—	−0.02***	—
	—	（0.005）	—
r1500	—	—	−0.005
	—	—	（0.006）
_cons	9.067	9.056***	9.043***
	0.034	（0.035）	（0.035）
Observations	6296	6296	6296
R-squared	0.7489	0.749	0.749

注：** 表示在5%的显著水平上显著，*** 表示在1%的显著水平上显著。括号里是稳健性标准误差。

由表4-11可以看出，集中式长租公寓对周边社区住房价格的影响半径在600米以内最为显著，在该范围内的小区房价受到正负向系数影响可达1.9%；距离在1200米以内范围的也较为显著，负向影响达到1.6%；半径范围在1500米则不显著，因而综合考虑选定半径为1200米的范围作为受影响区域做进一步分析。

（二）基准多期 DID 模型分析

1. 空间异质效应

为了进一步研究集中式长租公寓对周边社区房价的空间影响效应，本研究首先检验集中式长租公寓开业后，对周边 1200 米影响范围内住宅社区房价（处理组）的影响效应。然后进一步将处理组分别设定辐射范围为 0~400 米、400~800 米和 800~1200 米，对照组分别设定辐射范围为 1200~1800 米、1800~2400 米和 2400~3000 米，以此来探究影响效应的变化。在集中式长租公寓影响的时间节点方面，本研究选择比较开业前后周边社区住房价格的变化，由于每个集中式长租公寓开业时间不一样，将数据代入多期 DID 中发现（见表 4-12），在控制了时间和个体效应因素之后，交叉项 D*time 前的回归系数为 -0.032，并在 1% 的水平上显著，说明在研究区域内集中式长租公寓开业后对周边社区房价会起到 3.2% 的抑制作用。

由表 4-13 所示，在所有多期 HDID 模型中，交互项 D*time 的系数均为负，具体而言，对距离集中式长租公寓 400 米内的房价起到 6% 的抑制作用，在第二距离环内 400~800 米内的小区房价具有 3.1% 的抑制性作用，而集中式长租公寓开业后对 800~1200 米内的房价也具有抑制性但是统计效果不显著，说明集中式长租公寓对不同距离环内的房价影响效果也是不一样的，但是效果随着与集中式长租公寓项目中心点的距离增大，对周边社区住房价格的抑制作用逐渐降低，因此不能只考虑线性影响。检验结果表明，集中式长租公寓对周边社区房价存在着距离衰减效应，在集中式长租公寓开业的初始阶段，它们会对周边社区房价产生较大的抑制作用，特别是对距离集中式长租公寓较近的地区。由此，假设 2 得到验证。

表 4–12　实验组整体多期 HDID 回归结果

变量	Coef.	St.Err.	t-value
D*time	−0.032***	0.007	−4.49
Housetype	0.011**	0.004	2.37
structure	0.015***	0.005	3.27
age	0.002***	0.001	4.53
greenrate	0.424***	0.045	9.36
Plotratio	0***	0.005	0.00
propertycosts	0.051***	0.007	7.64
区位特征控制	是	—	—
邻里特征控制	是	—	—
年份固定效应	是	—	—
Constant	9.06***	0.035	260.06
R-squared	0.750	—	—

注：** 表示在 5% 的显著水平上显著，*** 表示在 1% 的显著水平上显著。

表 4–13　实验组不同距离环内多期 HDID 回归结果

变量	（1）	（2）	（3）
D*time	−0.060***	−0.031**	−0.014
age	0.000	0.005***	0.004***
Plotratio	0.000	−0.001	−0.021**
greenrate	0.567***	0.277***	0.395***
Housetype	−0.001	−0.003	0.012
structure	0.012	0.046***	0.039***
propertycosts	0.063***	0.077***	0.060***
dis_{subway}	0.000	−0.046***	−0.034***
dis_{bus}	−0.034***	−0.067***	−0.015***
dis_{bank}	−0.036***	−0.000	−0.013*
dis_{abbr}	−0.045***	−0.57***	−0.025***
education	−0.005	−0.004	0.009*

变量	（1）	（2）	（3）
年份固定效应	是	是	是
区域固定效应	是	是	是
Constant	9.236***	9.024***	8.893***
Observations	1576	1856	2080
R-squared	0.778	0.742	0.749

注：* 表示在 10% 的显著水平上显著，** 表示在 5% 的显著水平上显著，*** 表示在 1% 的显著水平上显著。

2. 时间动态趋势效应

为了考察集中式长租公寓项目对周边社区住房价格影响趋势的动态效应，本研究首先对集中式长租公寓开业前后数据样本进行初步分析，得到表 4-14 描述性统计分析结果。

由于数据的可得性，本研究选取样本的时间跨度为 2015—2022 年，集中式长租公寓项目最早开业年份为 2017 年，最晚开业年份是 2021 年。然后本研究将研究期分为集中式长租公寓开业前和集中式长租公寓开业后，并汇总出 34 个集中式长租公寓项目开业前后研究范围内二手房交易数据，统计结果见表 4-14。从表中可知，集中式长租公寓开业前研究样本量有 3490 条，开业后有 2806 条，成交价格平均值降低了 3054 元，其他属性和位置特征开业前后差别不大。

为更加直观描述集中式长租公寓对周边社区房价的时空动态效果，本研究进一步明确处理组与控制组在不同时间段上房价的差异水平，表 4-15 中 $trend_1 \times D$ 至 $trend_5 \times D$ 表示集中式长租公寓项目完成之后的第 1 至 5 年。可以清晰地看到，集中式长租公寓项目开业后的 1 至 5 年里对周边社区的房价一直起着抑制作用，并且影响程度逐渐减弱，其中开业第 1 年的抑制性最强，为 6.6%，在集中式长租公寓开业的第 5 年达到最低，为 2.3%。这说明存在市场适应性，随着时间的推移，市场和居民可能会适应集中式长租公寓的存在，如开发商可能调整房产供应策略，居民可能逐渐接受集中式长租公寓作为住房选择。因此，集中式长租公寓的抑制作用在时间维度上呈现递减趋势。

表 4-14　集中式长租公寓开业前后描述性统计分析结果对比

变量	开业前（N=3490）				开业后（N=2806）			
	平均值	标准差	最小值	最大值	平均值	标准差	最小值	最大值
成交价格	29055.6	12118.8	7880.43	105372	26001.9	11518.1	7031	115736
住宅类型	1.707	0.901	0	4	1.743	0.917	0	4
房屋结构	1.736	0.606	0	2	1.726	0.623	0	2
房龄	24.355	8.652	2	44	24.536	8.683	2	44
绿化率	0.245	0.077	0.1	0.58	0.244	0.075	0.1	0.58
容积率	1.825	0.658	0.66	5.9	1.878	0.724	0.66	5.9
物业费	0.805	0.768	0.01	8	0.830	0.792	0.01	8
到地铁站距离	647.783	522.873	4.214	7025.614	754.262	606.867	32.643	6471.445
到公交站距离	250.524	173.961	6.173	1445.041	228.274	159.499	6.173	1445.041
到银行距离	281.515	239.137	1.121	2039.497	245.909	221.520	1.121	1598.723
到超市距离	626.904	416.308	10.364	3115.566	579.170	471.545	15.629	4732.028
到医院距离	306.782	258.010	5.010	2584.907	303.741	280.633	3.133	2584.907
文娱配套	3.060	1.018	0	4	3.042	1.102	0	4
教育配套	2.012	1.141	0	4	2.253	1.246	0	4

表 4-15　集中式长租公寓项目开业后 1—5 年的时间动态效应

被解释变量	lnP	lnP	lnP	lnP	lnP
$trend_1 \times D$	−0.066***	—	—	—	—
	（0.023）	—	—	—	—
$trend_2 \times D$	—	−0.034*	—	—	—
	—	（0.02）	—	—	—
$trend_3 \times D$	—	—	−0.029**	—	—
	—	—	（0.012）	—	—
$trend_4 \times D$	—	—	—	−0.256***	—
	—	—	—	（0.018）	—
$trend_5 \times D$	—	—	—	—	−0.023**
	—	—	—	—	（0.012）
控制变量	是	是	是	是	是
_cons	9.042***	9.043***	9.042***	9.044***	9.043***
	（0.035）	（0.035）	（0.035）	（0.035）	（0.035）
Observations	6296	6296	6296	6296	6296
R-squared	0.749	0.749	0.749	0.749	0.749

注：* 表示在 10% 的显著水平上显著，** 表示在 5% 的显著水平上显著，*** 表示在 1% 的显著水平上显著。括号里是稳健性标准误差。

（三）空间计量模型分析

首先，本节旨在验证所研究数据是否存在空间自相关性，为后续空间计量模型的构建提供实证依据。在对数据的空间相关性检验时，本研究主要从两个方面进行：一是利用全局莫兰指数来评估空间的整体相关性；二是通过莫兰指数和莫兰散点图展示空间的局部自相关性特征。当检验结果显示研究数据存在空间自相关性时，再运用空间计量模型对数据进行深入研究分析。

1. 空间自相关性检验

依据特征价格理论推导建立起的住宅特征价格模型以观测样本

数据相互独立作为前提假设，此类假设难以符合多数现实情况。现实生活中房价不仅受其自身特征属性要素的影响，还会受同一地理区位地段中其他竞品价格的影响。通过构建住宅社区反地理距离的空间权重矩阵，本研究运用莫兰指数来检验天津市住宅价格的空间自相关性。对天津市 2015—2022 年的住宅价格，本研究计算了全局莫兰指数，结果见表 4-16。值得注意的是，集中式长租公寓周边小区各年的住宅价格莫兰指数均大于 0，并且在 1% 的检验水平上显著。这一发现表明了天津市住房价格存在着强烈的全局正空间自相关性。因此，本研究接下来将考虑观测数据之间的空间交互效应，以进一步分析集中式长租公寓对周边社区房价的影响。最终，本研究将采用空间计量模型来检验集中式长租公寓对周边社区房价的影响效应。

表 4-16　天津市集中式长租公寓样本周边 3000 米小区房价全局莫兰指数

Variables	Moran's I	z
2015 年	0.193***	71.121
2016 年	0.182***	67.297
2017 年	0.191***	70.718
2018 年	0.199***	73.862
2019 年	0.213***	78.486
2020 年	0.211***	78.141
2021 年	0.218***	80.494
2022 年	0.222***	82.052

注：*** 表示在 1% 的显著水平上显著。

　　为了解释房价的具体集聚形态，本研究运用莫兰散点图来检验集中式长租公寓样本周边 3000 米小区的局部空间自相关性，图 4-3 分别对 2015—2022 年共计 8 个年份的地理距离空间权重矩阵下的局部莫兰散点图进行了展示。

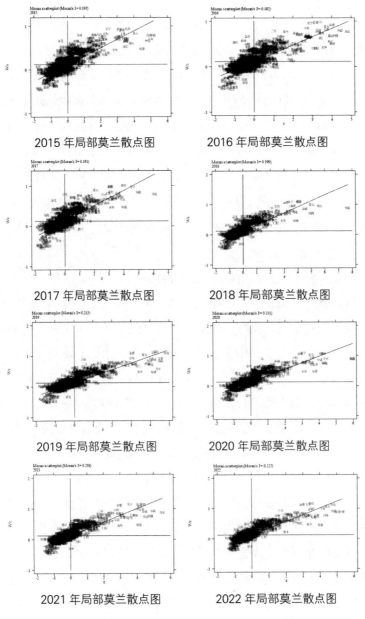

图 4-3　2015—2022 年局部莫兰散点图

综合对图 4-3 中 8 个年份的莫兰散点图的分析，我们可以观察到大多数散点集中在第一象限和第三象限，这表明天津市集中式长租公寓样本周边 3000 米范围内的住宅社区房价呈现出显著的集聚趋势。特别值得注意的是，这种集聚呈现出高高集聚和低低集聚的正向空间自相关性，即价格高的住宅彼此相邻，价格低的住宅也相邻，而且随着时间的推移，这种空间集聚趋势逐渐增强。这进一步验证了这些住宅社区房价之间存在正向的空间依赖性。因此可以得出结论，传统的回归模型并不适合研究天津市集中式长租公寓对周边社区房价的影响效应，应采用空间计量模型进行进一步的分析。

2. 空间异质效应

（1）空间效应的存在性及其表现形式

考虑到空间溢出效应的不确定性，本研究需要在建模之前对空间效应的存在性及其具体表现形式进行详细检验。为了选择适当的空间计量模型，可以采用安索林（Anselin）提出的 LM 检验（拉格朗日乘数检验）来进行判别。如果 LM 检验拒绝了零假设（即因变量或误差项是独立的），则可以确认存在空间相关性。反之，如果在这种情况下零假设无法被拒绝，那么空间分析模型将会失去依据。此外，LM 检验还可以确定误差项和滞后项之间的依赖关系，为进一步研究提供重要的参考依据。如果通过 LM 测试证明"不显著"，则再次执行稳健 LM 测试。如果误差项之间存在相关性，本研究将考虑使用空间误差模型替代参考模型；若滞后项之间存在相关性，则选择空间滞后模型作为参考模型的替代；若误差项和滞后项均存在相关性，则采用空间杜宾模型。本研究对不同环距内的样本进行 LM 检验，结果如表 4-17 所示，研究发现不论在哪个环距内，两个

LM Error（空间误差最大似然）统计量均在 1% 的显著性水平下呈现高度显著。两个 LM Error 统计量也同时通过了 1% 的显著性检验，且二者的显著性水平相当。随后，使用 LR 检验（似然电检验）来确定合适的空间计量模型。空间自回归模型和空间误差模型两个模型均通过了 1% 的显著性水平检验，这表明空间杜宾模型拒绝退化为空间自回归模型或空间误差模型。本研究将不同模型分为无个体固定、无时间固定、个体固定、时间固定和个体时间双固定的四种模型。然而本研究的核心解释变量为虚拟变量，采用空间固定效应模型可能导致多重共线性，因此本研究参考连文君关于双重差分空间回归模型的分析，结合 LM 检验结果，着重采用默认随机效应的空间杜宾模型进行分析。为与之对比，本研究同时采用了空间滞后模型。

表 4–17　空间模型表现形式的 LM 检验

统计量名称	R_1（0~400 米）	R_2（400~800 米）	R_3（800~1200 米）
	统计量值	统计量值	统计量值
LM Error（Burridge）	2192.845***	4226.79***	3350.315***
LM Error（Robust）	2196.217***	4228.321***	3341.734***
LM Lag（Anselin）	3.975***	5.013***	21.228***
LM Lag（Robust）	5.747***	3.544***	12.646***

注：*** 表示在 1% 的显著水平上显著。

（2）空间回归模型结果与分析

在此，分析集中式长租公寓对周边 1200 米不同距离环内普通商品住房交易价格影响的异质性。表 4-18 分别列出距集中式长租公寓 400 米范围内研究样本的空间滞后模型和空间杜宾模型估计结果。为了进行比较，表中展示出不考虑空间溢出效应的 HDID 的统计估计结果。由于空间回归模型中控制变量对周边社区房价影响显著性、影响方向等与基期多期 DID 模型相近，并且不是本研究主要的研究对象，因此结果不在表格中列出。研究结果显示，在不同环距内空间杜宾模型和空间误差模型中空间自相关系数均正向显著，说明集中式长租公寓对周边社区房价的抑制性具有空间溢出效应。表 4-18 呈现了空间溢出效应后，距离集中式长租公寓 400 米范围内房价的变化。可以看出，不论是空间滞后模型还是空间杜宾模型，前面的系数都为负数，且在 1% 水平上显著，分别为 4.5% 和 3.9%。值得注意的是，这是最强的影响效应，说明距离集中式长租公寓越近，周边社区房价下降越明显。

表 4-18　环 1（0~400 米）空间 DID 计量结果

R_1（0~400 米）	HDID	空间滞后模型			空间杜宾模型		
变量	系数	系数	标准误差	p 值	系数	标准误差	p 值
$R \times time$	-0.060***	-0.045***	0.011	0.000	-0.039***	0.012	0.001
控制变量	是	是	—	—	是	—	—
_cons	9.236***	-0.219	0.251	0.382	1.119	1.748	0.522
$W*R \times time$	—	—	—	—	-0.009	0.04	0.84
Spatialrho	—	0.947***	0.007	0.000	0.901***	0.021	0.000
$LR_{Direct\ (R \times time)}$	—	—	—	—	-0.042***	0.013	0.001
$LR_{Indirect\ (R \times time)}$	—	—	—	—	-0.444	0.469	0.344
R^2	0.778	0.325	—		0.623		
Loglikelihood	—	863.711	—		873.943	—	
观测值	1576	1576	—		1576		

注：*** 表示在 1% 的显著水平上显著。

在表 4-19 中，空间杜宾模型和空间滞后模型前面的系数分别是 -0.015 和 -0.024，这表明与实验组相比，位于 400~800 米内的房价下降了 1.5%~2.4%。表 4-20 显示，如果不考虑空间溢出效应，在

800~1200 米内集中式长租公寓对周边社区房价是没有影响的，但是考虑了空间溢出效应之后，集中式长租公寓对周边社区房价的影响存在 1%~2% 的抑制作用，这从侧面反映出应用空间计量模型进行研究的必要性。

　　总体来说，本研究通过使用两种不同的模型发现了集中式长租公寓抑制周边 1200 米范围内房价的证据。在考虑了空间溢出效应后的所有模型中，交互项的系数均为负，并且在 1% 的水平上显著。就空间杜宾模型分析结果而言，集中式长租公寓对周边 0~400 米、400~800 米、800~1200 米不同环距内普通商品住房价格产生的抑制作用分别为 3.9%、1.5% 和 1%。这表明集中式长租公寓对周边社区房价具有显著的抑制作用，且随着与集中式长租公寓项目中心点的距离加大，其对周边社区房价的抑制作用逐渐降低。综上可知，假设 1 得到验证，假设 2 中集中式长租公寓对周边社区房价抑制效果的空间异质性也得以验证。

表 4-19　环 2（400~800 米）空间 DID 计量结果

R_2（400~800 米）	HDID	空间滞后模型			空间杜宾模型		
变量		系数	标准误差	p 值	系数	标准误差	p 值
$R \times time$	-0.031**	-0.024***	0.007	0.000	-0.015*	0.009	0.1
控制变量	是	是	—	—	是	—	—
_cons	9.024***	-0.285	0.214	0.183	0.509	1.64	0.723
$W*R \times time$	—	—	—	—	0.007	0.022	0.765
Spatialrho	—	0.948***	0.011***	0.000	0.903***	0.019	0.000
$LR_{Direct\ (R \times time)}$	—	—	—	—	-0.015	0.009	0.14
$LR_{Indirect\ (R \times time)}$	—	—	—	—	-0.064	0.238	0.789
R^2	0.742	0.436			0.629		

R_2（400~800 米）	HDID	空间滞后模型		空间杜宾模型	
Loglikelihood	—	1096.511	—	1108.204	—
观测值	1856	1856	—	1856	—

注：* 表示在 10% 的显著水平上显著，** 表示在 5% 的显著水平上显著，*** 表示在 1% 的显著水平上显著。

表 4-20　环 3（800~1200 米）空间 DID 计量结果

R_3（800~1200 米）	HDID	空间滞后模型			空间杜宾模型		
变量		系数	标准误差	p 值	系数	标准误差	p 值
$R \times time$	-0.014	-0.02***	0.011	0.000	-0.01**	0.01	0.029
控制变量	是	是	—		是	—	
_cons	8.893***	-0.452	0.251	0.382	0.509	1.213	0.675
$W*R \times time$	—	—	—	—	0.003***	3.41	0.000
Spatialrho	—	0.943***	0.012***	0.000	0.915***	0.019	0.000
LR_{Direct} （R*time）	—	—	—		-0.016	0.01	0.128
$LR_{Indirect}$ （R × time）	—	—	—		-0.134	0.276	0.628
R^2	0.749	0.435			0.617	—	—
Loglikelihood		1001.337	—		1013.578	—	
观测值	2080	2080	—		2080	—	

注：** 表示在 5% 的显著水平上显著，*** 表示在 1% 的显著水平上显著。

3. 时间动态趋势效应

本部分重点关注在考虑了房价的空间溢出效应之后，集中式长租公寓对周边社区房价影响效应的时间变化趋势。表 4-21 列出了集中式长租公寓开业年数的时间趋势动态效应结果。一方面，空间杜宾模型和空间误差模型中空间自相关系数 rho 呈正向显著，不仅表明集中式长租公寓周边社区房价受到空间依赖性的影响，而且集中式长租公寓对周边社区房价的抑制性还会通过空间传递，对邻近集中式长租公寓的抑制效果产生叠加效应。另一方面，两个模型中时间动态效应变量 $trend_1 \times D$ 至 $trend_4 \times D$ 的估计结果均为负向显著，且系数减小，$trend_5 \times D$ 的估计系数为负但不显著，说明集中式长租公寓开业 4 年后仍会对周边社区房价产生显著的抑制效果，但是影响的具体强度逐渐减小，直至第 5 年抑制影响消失。

表 4-21　集中式长租公寓项目开业后 1—5 年的时间动态效应

变量	第 1 年		第 2 年		第 3 年		第 4 年		第 5 年	
	空间滞后模型	空间杜宾模型	空间滞后模型	空间杜宾模型	空间滞后模型	空间杜宾模型	空间滞后模型	空间杜宾模型	空间滞后模型	空间杜宾模型
$trend_i \times D$	-0.04**	-0.035**	-0.019***	-0.018***	0.013***	0.014***	-0.002***	-0.011***	-0.004	0.007
控制变量	是	是	是	是	是	是	是	是	是	是
_cons	-0.526***	-0.441***	-0.547***	-0.548***	-0.575**	-0.553***	-0.526***	-0.441***	-0.552***	-0.177***
$W*trend_i \times D$	—	-0.114**	—	0.090***	—	0.040*	—	-0.114**	—	-0.358***
Spatialrho	0.972***	0.964***	0.974***	0.921***	0.976***	0.946***	0.972***	0.964***	0.974***	0.937***
$LR_{Direct\,(trend)}$	-0.042***	-0.041***	-0.020**	-0.017**	-0.013*	-0.014**	-0.042***	-0.041***	-0.003	-0.001
$LR_{Indirect\,(trend)}$	-1.426***	-4.030***	-0.731**	0.931***	-0.560	0.486	-1.426***	-4.030***	-0.091	-5.574***
R^2	0.256	0.740	0.126	0.761	0.136	0.667	0.256	0.740	0.183	0.773
Loglikelihood	3615.01	3631.64	3612.30	3632.73	3609.72	3627.75	3615.01	3631.64	3607.76	3632.41
观测值	6296	6296	6296	6296	6296	6296	6296	6296	6296	6296

注：* 表示在 10% 的显著水平上显著，** 表示在 5% 的显著水平上显著，*** 表示在 1% 的显著水平上显著。

综上可知，在考虑了集中式长租公寓每年对房价影响的空间溢出效应后，在开业初期，集中式长租公寓会对周边社区房价产生较大的抑制性影响，但随着时间的推移，市场会逐渐适应并弱化这种影响。由此，假设 4 中集中式长租公寓对周边社区房价抑制影响的时间异质性得到验证。

三、稳健性检验

（一）平行趋势检验

使用差分法的前提条件是要保证实验组和对照组具有平行变化趋势，即考察集中式长租公寓开业之前其周边社区房价是否与对照区域房价有明显差异，本研究参考陈胜蓝和马慧[140]的做法，以上文所引入变量设立影响半径区域"D"作为核心解释变量，采用事件研究法进行平行趋势检验，其动态模型表达式如下：

$$lnP_{it} = \alpha + \sum_{S=1}^{2} \alpha_{pre_s} D_{pre_s} + \alpha_{current} D_{current} + \sum_{S=1}^{4} \alpha_{post_s} D_{post_s} +$$

$$\sum_{k} \gamma_k H_{itk} + \sum_{y} \delta_y Y_{ity} + \sum_{l} \varphi_l L_{itl} + \varepsilon_{it} \qquad 模型\ 4\text{-}18$$

在模型 4-18 中，D_{pre_s}、$D_{current}$、D_{post_s} 分别代表集中式长租公寓开业前 2 年、开业当年以及之后的年份虚拟变量分别与对应开业时间虚拟变量的交乘项，α_{pre_s}、$\alpha_{current}$、α_{post_s} 为对应的系数，其他符号的意义同模型 4-18。为了避免多重共线性，本研究将政策试点实施前的第 3 年作为基准年份，若 α_{pre_s} 不显著且异于 0，则说明满足平行趋势假设，否则将不满足平行趋势假设。

本研究中开业时点为 current，开业时点前一年 pre_1，后一年为 post_1，将时间点前 2 年和后 4 年即前后共 6 年的处理组与对照组的差异趋势绘图。图 4-4 至 4-6 显示了在不同的距离环内集中式长租公寓开业之前社区房价的估计值，研究发现该值在 0 轴附近波动并且 95% 置信区间也包含 0，说明 α_{pres} 的估计值均未达到显著性水平，开业之前实验组和对照组房价的变化趋势基本保持一致，因此符合平行趋势假设。但是需要注意的是，0~400 米和 400~800 米距离环内在开业前系数不显著，但是开业后第二年系数显著且为负数，说明基于 OP 法（一种用于估计自变量与因变量间线性关系的统计方法）计算的 TFP（全要素生产率）离散度不但满足平行趋势假定，而且集中式长租公寓对这两个距离环内周边社区房价的影响具有一定的持续性。但是在 800~1200 米距离环内开业前系数不显著，开业后系数仍然不显著，这说明基于 OP 法计算的 TFP 离散度满足平行趋势假定但影响不具有持续性。

总的来说，模型估计结果验证了平行趋势假设成立，并且在集中式长租公寓开业前 2 年，其效果并不显著。这说明在集中式长租公寓开业之前，环内房价与对照组房价之间存在着相似的变化趋势。

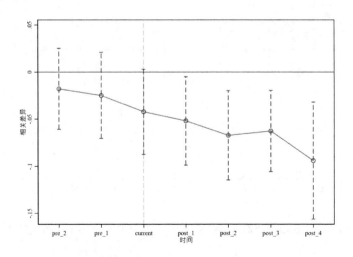

图 4-4 0~400 米集中式长租公寓开业年份平行趋势检验图

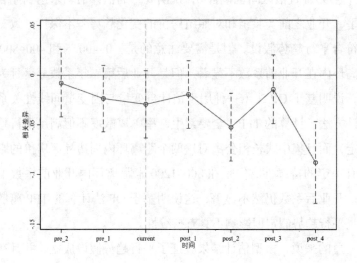

图 4-5　400~800 米集中式长租公寓开业年份平行趋势检验图

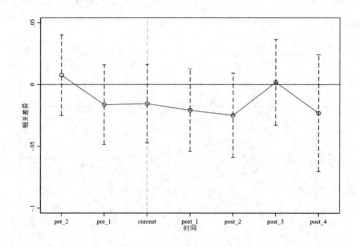

图 4-6　800~1200 米集中式长租公寓开业年份平行趋势检验图

（二）安慰剂检验

伯特兰德等指出，采用多年数据进行差分的检验分析时，可能存在由序列相关引起的标准误偏差问题，进而导致回归检验过度拒绝零假设。结合本研究，不论是传统多期 DID 模型还是空间多期 DID 模型，结果都表明集中式长租公寓对周边社区房价会产生抑制作用并且抑制效果随距离和时间而异，但是进行基准回归时未考虑下列因素的影响：（1）集中式长租公寓开业对周边社区房价的影响可能会受到随机性因素、其他项目或者政策的干扰；（2）集中式长租公寓项目的选择可能存在自选择效应问题，导致回归结果偏误。

不同于一般只采用随机化政策实施时间或者随机化处理样本的做法，为了增加回归结果的可信度，本研究参考张明等[141]采用同时随机化政策时间与处理组样本的非参置换检验方法。陆菁等[142]研究也采用该方法进行安慰剂检验。对于本研究的多期双重差分模型而言，非参置换检验方法的操作如下。

本研究选取了集中式长租公寓半径为 400 米范围内的 55 个实验组小区和 142 个对照组小区作为样本，为了进行虚拟处理组的构建，又从所有样本中随机抽取了 55 个小区，并随机确定它们的开业年份，时间跨度为 2015 年至 2022 年。剩余的样本则被视为虚拟控制组。这一过程被重复进行了 500 次，以获得 500 个虚拟处理组及其相应的虚拟开业时间。随后，利用虚构的伪处理组和虚构的伪政策时间来构建伪交互变量，并进行 DID 回归估计系数的计算。同样地，分别依据 400~800 米和 800~1200 米距离环内的实验组小区数，从总样本小区内随机抽取对应数目作为虚拟处理组，然后在 2015—2022 年随机不重复抽取年份作为"伪实验组"的集中式长租公寓开业时间。据此，重新估计回归模型，随机重复上述过程500次。最后针对三个距离环分别绘制出500个"伪政策虚拟变量"估计系数的分布图及相应的p值。

根据图4-7至图4-9，可以观察到圆点代表了估计系数所对应的p值，曲线则展示了估计系数的核密度分布。图中的垂直虚线表示了DID模型政策效应的真实估计值，而水平虚线则代表了显著性水平，通常设定为0.1或0.01。可以发现，三个距离环（0~400米、400~800米、800~1200米）基准回归中空间DID模型回归系数独立于该随机估计系数分布之外。估计系数都集中分布在0值附近，且基本都位于真实值的右侧，说明随机化处理后，政策效果在显著性与作用强度方面均有大幅削弱。这表明，集中式长租公寓对周边社区房价影响效应的估计结果不是偶然得到的，实验结果并未受到其他不可观测特征或遗漏变量的干扰，证实了结论的稳健性。

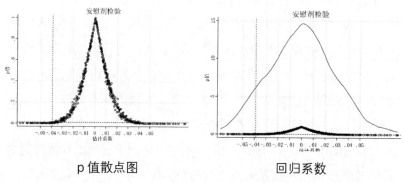

p值散点图　　　　　　回归系数

图4-7　0~400米随机化处理组p值散点图和回归系数

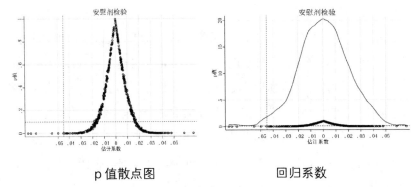

p 值散点图　　　　　回归系数

图 4-8 400~800 米随机化处理组 p 值散点图和回归系数

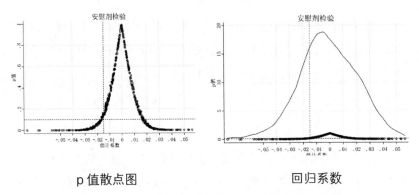

p 值散点图　　　　　回归系数

图 4-9 800~1200 米随机化处理组 p 值散点图和回归系数

（三）倾向得分匹配法 PSM-DID 检验

为充分保证处理组与控制组之间的可比性，进一步克服集中式长租公寓的非随机性问题，即集中式长租公寓项目位置的选择可能存在一定的"标准"，比如会选择在人口流动性大、距离商业中心近的区域，导致不能严格满足随机分组的假设条件，本研究采用倾向得分匹配方法对样本做进一步筛选，检验基准回归结果的稳健性。

考虑到政策可能会影响相关经济变量的变化，仅对开业前（2015年、2016年）的样本按照1:1近邻匹配、核匹配和半径匹配等3种方法对控制组进行逐年回归处理。首先，本研究建立了一个 logit 模型（柏克森模型），利用小区房龄、绿化率、容积率、小区物业费等可观测的协变量进行倾向得分值的估计。其次，筛选出在各匹配年份均位于共同取值范围内的样本点。最后，针对这些位于共同取值范围内的样本进行多期差分检验。具体回归模型表达式如下所示：

$$\Pr(\text{treat}=1) = \beta_0 + \beta_1 X_{1i} + \beta_2 X_{2i} + \beta_3 X_{3i} + \beta_4 W_i + \varepsilon \quad \text{模型 4-19}$$

若匹配后的数据通过了平衡性检验和共同支撑假设，就可以根据匹配后的样本计算出个体在干预状态下的平均处理效用 ATT，即个体 i 在干预状态下的观测结果与其反事实的差，得出集中式长租公寓是否对周边社区房价产生影响，以及这种影响程度有多大。

$$\text{ATT} = \frac{1}{N_T} \sum m : D_m = 1 \left[V_m - \sum_{n \in Q_n} (w = (m,n) V_n \right] \quad \text{模型 4-20}$$

其中，N_T 是位于受集中式长租公寓影响范围内的（处理组）的总样本个数，V_m 是处理组中第 m 个观测值，V_n 是控制组中第 n 个观测值，w=（m，n）是匹配倾向得分 m 和 n 的权重函数。

1. PSM 匹配结果分析

PSM 要求对匹配后的样本进行平衡性和共同支撑假设检验，在此过程中变量在匹配后不显著才能达到平衡性假设的要求。图4-10 至图 4-12 显示了各控制变量在匹配前后的标准差变动情况，不论是采用哪种匹配方式，都可以看到在不同距离环内经过 PSM，各变量的标准偏差明显降低且都趋于 0 轴。

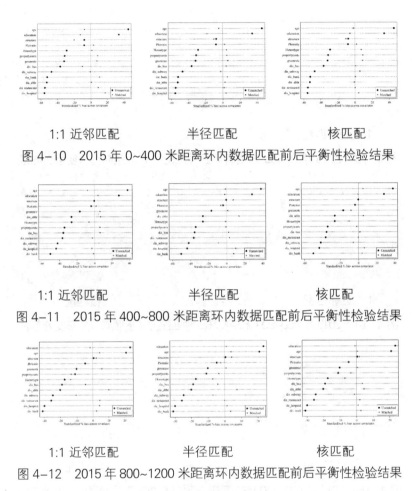

1:1 近邻匹配　　　　半径匹配　　　　核匹配

图 4-10　2015 年 0~400 米距离环内数据匹配前后平衡性检验结果

1:1 近邻匹配　　　　半径匹配　　　　核匹配

图 4-11　2015 年 400~800 米距离环内数据匹配前后平衡性检验结果

1:1 近邻匹配　　　　半径匹配　　　　核匹配

图 4-12　2015 年 800~1200 米距离环内数据匹配前后平衡性检验结果

图 4-13 至图 4-15 展示了在不同距离环内经过倾向得分处理后，采用 1:1 近邻匹配、半径匹配和核匹配方法后的处理组与对照组的核密度分布情况。结果显示，不同距离环内的处理组与对照组的核密度分布差异显著减小，倾向得分的走势几乎完全重叠，这表明匹配后的数据满足了共同支撑假设。

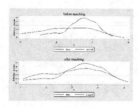 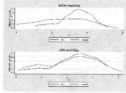 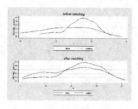

1:1 近邻匹配　　　　　　半径匹配　　　　　　核匹配

图 4-13　2015 年 0~400 米距离环三种匹配方式下倾向得分密度分布表

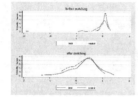 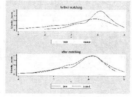 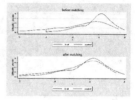

1:1 近邻匹配　　　　　　半径匹配　　　　　　核匹配

图 4-14　2015 年 400~800 米距离环三种匹配方式下倾向得分密度分布表

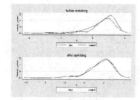 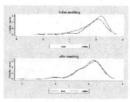 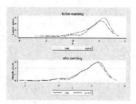

1:1 近邻匹配　　　　　　半径匹配　　　　　　核匹配

图 4-15　2015 年 800~1200 米距离环三种匹配方式下倾向得分密度分布表

2. 基于 PSM-DID 模型的回归分析

回归结果显示，无论采用上述何种匹配方法，多期差分变量 $D*time$ 的系数均在 1%~5% 水平上显著为负，说明集中式长租公寓的开业确实能够显著降低周边社区的房价，因此 PSM-DID

的回归结果进一步验证了基准回归结果稳健性。具体结果见表4-22
至表4-24。

表 4-22　0~400 米距离环内稳健性检验结果

变量	1:1 近邻匹配	半径匹配	核匹配
$R_1*times$	-0.049**	-0.043***	-0.023*
	（0.019）	（0.013）	（0.013）
控制变量	是	是	是
年份固定效应	是	是	是
区域固定效应	是	是	是
_cons	9.703***	9.294***	9.146***
	（0.074）	（0.084）	（0.078）
R^2	0.742	0.736	0.734
N	824	1192	1368

注：* 表示在 10% 的显著水平上显著，** 表示在 5% 的显著水平上显著，*** 表示在 1% 的显著水平上显著。括号里是稳健性标准误差。

表 4-23　400~800 米距离环内稳健性检验结果

变量	1:1 近邻匹配	半径匹配	核匹配
$R_2*times$	-0.031**	-0.018**	-0.018**
	（0.013）	（0.014）	（0.013）
控制变量	是	是	是
年份固定效应	是	是	是
区域固定效应	是	是	是
_cons	9.305***	9.199***	9.217***
	（0.071）	（0.073）	（0.069）
R^2	0.764	0.770	0.765
N	1 512	1376	1456

注：** 表示在 5% 的显著水平上显著，*** 表示在 1% 的显著水平上显著。括号里是稳健性标准误差。

表 4-24 800~1200 米距离环内稳健性检验结果

变量	1:1 近邻匹配	半径匹配	核匹配
$R_3*times$	−0.011**	−0.014**	−0.009**
	（0.013）	（0.011）	（0.011）
控制变量	是	是	是
年份固定效应	是	是	是
区域固定效应	是	是	是
_cons	9.302***	8.935***	8.936***
	（0.064）	（0.0746）	（0.0623）
R^2	0.767	0.721	0.727
N	1544	1960	2048

注：** 表示在 5% 的显著水平上显著，*** 表示在 1% 的显著水平上显著。括号里是稳健性标准误差。

四、异质性分析

考虑到城市空间内部资源分布的不均衡，不同区域位置的集中式长租公寓对周边社区住房价格的影响可能存在异质性。为进一步从宏观层面识别集中式长租公寓对周边社区房价影响的异质性，本研究把 787 个小区样本分成三个区域，即市中心城区、环城区和远郊区，并分别进行空间分析。其中，市中心城区的小区样本有 682 个，环城区的小区样本有 82 个，远郊区的小区样本数据有 23 个。

将数据带入空间杜宾模型进行检验，表 4-25 得到了集中式长租公寓项目的建立在市中心区域的影响效果是 2%，且在 1% 水平上显著，将空间杜宾模型进行效应分解，得到集中式长租公寓对周边社区房价影响的直接效应和间接效应。表 4-25 显示，集中式长租公寓对周边社区住房价格影响的直接效应系数为 −0.019，表明集中式长租公寓对周边社区住房价格产生了 1.9% 的直接抑制作用。表 4-26 的结果显示，在环城区集中式长租公寓对周边社区住房价格的抑制效果是最强的，模型前面系数为 −0.065，且在 1% 水平上显著。表 4-27 的结果显示在远郊区抑制效果最弱，为 1.5%。总体来看，集中式长租公寓对周边社区房价的抑制影响效果在环城区是最明显的，其次是市中心区域，最后是环城区。可能原因是市中心地区的居住成本高，部分消费者负担不起市中心地段的高租金。而近郊地区的租金相对较低，为中低收入群体提供了可负担的居住选择，从而吸引了更多集中式长租公寓租户，大量外来人口的涌入强化了对住房市场造成的负外部性。

表 4-25　市中心城区样本时间固定效应下空间 DID 估计结果

变量	HDID	空间杜宾模型			
	系数	系数	Z 值	直接效应	间接效应
$D*times$	−0.114***	−0.020***	−3.52	−0.019***	0.239
控制变量	是	是	—	是	是
_cons	9.536***	−0.599	—	—	—
$W*R \times time$	—	0.006	0.58	—	—
Spatialrho	—	0.960***	—	—	—
R^2	0.268	0.365	—	—	—
观测值	5456	5456	5456	5456	5456

注：*** 表示在 1% 的显著水平上显著。

表 4-26　环城区样本时间固定效应下空间 DID 估计结果

变量	HDID	空间杜宾模型			
	系数	系数	Z 值	直接效应	间接效应
$D*times$	-0.068**	-0.065***	-2.80	-0.067***	0.077
控制变量	是	是	—	是	是
_cons	9.453***	-0.599	—	—	—
$W*R \times time$	—	0.074	0.60	—	—
Spatialrho	—	0.949***	—	—	—
R^2	0.652	0.384	—	0.384	0.384
观测值	656	656	—	656	656

注：** 表示在 5% 的显著水平上显著，*** 表示在 1% 的显著水平上显著。

表 4-27　远郊区样本时间固定效应下空间 DID 估计结果

变量	HDID	空间杜宾模型			
	系数	系数	Z 值	直接效应	间接效应
$D*times$	0.072	-0.015**	-2.33	-0.126 **	-0.097
控制变量	是	是	—	是	是
_cons	—	-0.599	—	—	—
$W*R \times time$	—	-0.056	—	—	—
Spatialrho	—	0.949***	—	—	—
R^2	0.645	0.699	—	0.699	0.699
观测值	184	184	—	184	184

注：** 表示在 5% 的显著水平上显著，*** 表示在 1% 的显著水平上显著。

五、进一步分析

本研究在用空间计量模型分析集中式长租公寓对周边社区房价的影响效应时，发现房价的下跌不仅受到研究区域内最近集中式长租公寓的影响，还受到周边其他集中式长租公寓的影响。为进一步提高结果的可信度，本研究将样本分为受到单个集中式长租公寓和多个集中式长租公寓影响两大部分，即检验两个及以上集中式长租公寓项目的建立是否会增强对周边社区房价的影响效果。经过筛选，最终得到 172 个受单个集中式长租公寓项目影响的住宅社区样本和 615 个受多个集中式长租公寓项目影响的住宅社区样本作为研究对象，做进一步分析。由于样本数量有限，本研究采用空间多期 DID 模型探究集中式长租公寓周边 1200 米范围内（实验组）小区房价的空间影响效应。空间计量结果如表 4-28 所示。

表 4-28　单个和多个集中式长租公寓对周边房价影响效应分析对比

变量	单个公寓回归系数	多个公寓回归系数
$D*times$	−0.023***	−0.037***
	（0.00）	（0.00）
控制变量	是	是
时间固定	是	是
Wx	−0.051	−0.038
	（0.68）	（0.843）
LR_Direct	−0.032***	−0.016***
	（0.00）	（0.00）
$LR\_Indirect$	−0.021	−0.025
	（0.81）	（0.75）
rho	0.934***	0.803***
	（0.00）	（0.00）
$Observations$	1376	4920
R-squared	0.550	0.551
$Number\ of\ id$	172	615

注：*** 表示在 1% 的显著水平上显著。括号里是稳健性标准误差。

从空间计量模型的估计结果可以发现，与受单个公寓影响的住

111

房社区房价相比，同时受两个及两个以上集中式长租公寓影响范围内的住房社区房价更低，说明住房社区房价的抑制性受集中式长租公寓数量的影响。随着集中式长租公寓数量的增多，住房房价抑制效应更强，抑制效果为3.7%，这再次验证了集中式长租公寓集聚可增强对周边社区房价的抑制性。

第五章　分散式长租公寓对社区住房价格的影响研究

本章首先提出关于分散式集中公寓与周边社区房价和租金之间关系的研究假设，其次通过搜集整理相关研究指标和数据，描述所选取样本数据特征，然后通过线性模型的检验和运算，检验模型回归结果的可信度。在此基础上，将有分散式长租公寓的社区作为实验组，无分散式长租公寓的社区作为对照组，通过倾向得分匹配模型采用基于1:4近邻匹配方式，同时进行平衡性检验和共同支撑假设检验，验证分散式长租公寓对房屋价格和租金的影响，采用一对一近邻匹配、一对二匹配、半径匹配和核匹配等匹配方式，验证分散式长租公寓对房屋价格影响效应的稳健性。最后基于特征价格模型，运用OLS多元回归对分散式长租公寓份额对住房价格影响效应进行深入探究，得出社区内分散式长租公寓份额对社区内房价具有正向影响作用，对普通租赁住房租金具有负向影响作用的结论。

第一节　研究假设

我国分散式长租公寓普遍集中在房龄较长、设施老旧、交通便利且老年人集聚的社区。一方面，根据特征价格理论，住房价格与社区内部居住物理环境密切相关。具体而言，长租机构通过对旧出租房屋和闲置房屋进行现代化改造和翻新促进了社区重建，从而改善了社区环境，进而推高社区房价。另一方面，分散式长租公寓租客以青年人为主，受教育水平普遍较高。《2021 中国城市租住生活蓝皮书》显示，在长租机构租客中本科及以上学历租客占比近 7 成，集聚的青年人提升了分散式长租公寓所在社区的活力，进而促进房价上涨。此外，社区居民整体教育水平的提高也在一定程度上推高了社区房价[143]。最后，长租公寓租客大多为公司白领等青年人，2020 年《中国房地产报》的数据显示，在长租公寓租客年龄分布中，20~30 岁人群占比高达 71%。青年人消费能力较强，在一定程度上带动了社区周边商业的发展，对房价产生正向溢出效应。基于上述分析，本研究提出如下几种假设。

假设 1：在其他条件相同情况下，分散式长租公寓会提高社区内房价。

分散式长租公寓通过增加租赁住房供给量和虹吸效应，降低普通租赁住房租金。具体而言，一方面，住房租赁市场中租金收益率低、业主搜寻成本较高以及存在房屋维修和处理租户纠纷等烦琐事宜，导致部分业主可能更愿意选择将多余住房空置的局面出现。分散式长租公寓模式可为业主节省与客户沟通的时间成本以及房屋管理成本，能有效盘活闲置住房，提升整个租赁市场的供应量。另一方面，分散式长租公寓的"N+1 模式"①也会增加市场中租赁住房供给量。因此，根据供需理论，住房租赁市场中房屋供给量的增加会降低普

---

① N+1 模式：是以房屋所有权证上登记的房间数为基准，即房屋所有权证上登记的房间数为 N，将大于 10 平方米的客厅打出隔断，隔断后房间数量变为"N+1"，即除了房屋中原有的 N 间卧室外，将客厅也改造为"1"间新的卧室。在采用合租模式的房源中，大多数长租公寓品牌机构会采用所谓"N+1"模式。

通租赁住房的租金。此外，在青年人普遍追求住房品质的情况下，分散式长租公寓的内部装修较新且配套齐全，其会通过虹吸效应将普通租赁住房的潜在租客吸引过来，减少租客对普通租赁住房的需求，从而降低普通租赁住房租金。基于上述分析，提出如下假设：

假设 2：在其他条件相同情况下，分散式长租公寓会抑制社区内普通租赁住房租金。

第二节　研究设计

一、研究变量选择与测度

（一）被解释变量

本章使用住房销售价格和住房租金价格两个变量来反映住房价格，并以此作为被解释变量。其中，住房销售价格为社区内住房销售挂牌单价，住房租金价格为社区内普通租赁住房挂牌月租金。

（二）解释变量

本章解释变量有两个：一是有无分散式长租公寓，二是分散式长租公寓份额，分别用来分析有无分散式长租公寓和分散式长租公寓份额对社区内住房价格的影响。

（三）协变量

协变量涉及房屋特征、社区环境和区位环境三个维度。其中，房屋特征变量包括卧室数量、房屋面积、客厅数量和房屋朝向等；社区环境变量包括绿化率、房龄、容积率、普通租赁住房份额、物业费；区位环境变量包括社区周边 2000 米内地铁站和公交站个数以及社区周边 3000 米内幼儿园、小学、中学、医院、商场、超市、公园的数量。变量说明详见表 5-1。

表 5-1　变量说明

变量类别	变量代码	变量名称	变量测度
被解释变量	*price*	住房销售价格	社区内住房销售挂牌单价
	rent	住房租金价格	社区内普通租赁住房挂牌月租金
解释变量	*ifcs*	有无分散式长租公寓	社区内有分散式长租公寓，赋值为 1，否则赋值为 0
	csshare	分散式长租公寓份额	分散式长租公寓套数占社区房屋总套数的比例
协变量	*district*	区域位置	河西区赋值为 1，河北区赋值为 2，南开区赋值为 3，西青区赋值为 4
	floors	楼层	房屋处于低楼层赋值为 0，高楼层赋值为 1，中楼层赋值为 2
	nbed	卧室数量	房屋内卧室数量
	nliv	客厅数量	房屋内客厅数量
	area	房屋面积	房屋建筑面积
	towards	房屋朝向	房屋南北朝向赋值为 1，其他赋值为 0
	plotra	容积率	房屋所在社区容积率
	grera	绿化率	房屋所在社区绿化率
	hage	房龄	房屋竣工验收交付使用至挂牌期间的年限
	procost	物业费	每平方米每月收取的物业费
	nsub	地铁站数量	社区周边 2000 米内地铁站数量
	nbub	公交站数量	社区周边 2000 米内公交站数量
	nkind	幼儿园数量	社区周边 3000 米内幼儿园数量
	npri	小学数量	社区周边 3000 米内小学数量
	nmid	中学数量	社区周边 3000 米内中学数量
	nhos	医院数量	社区周边 3000 米内医院数量
	nmarket	商场数量	社区周边 3000 米内商场数量
	nshop	超市数量	社区周边 3000 米内超市数量
	npark	公园数量	社区周边 3000 米内公园数量
	psshare	普通租赁住房份额	普通租赁住房套数占社区房屋总套数的比例

二、数据处理

本研究以天津市分散式长租公寓为研究对象，以分散式长租公寓分布集中的南开区、河西区、河东区和西青区为研究区域。

数据采集时间为 2022 年 4 月至 5 月，通过使用爬虫技术从自如、相寓、美丽屋等分散式出租公寓品牌官网以及房天下网站获取分散式长租公寓的区域位置、房屋特征、社区名称等数据。从贝壳找房网站上获取社区内住房销售挂牌单价、普通租赁住房挂牌月租金、房屋特征（楼层、卧室数量、客厅数量、房屋面积、房屋朝向）、社区环境（容积率、绿化率、房龄、物业费等）各类信息。通过 Python 抓取包括高德地图 POI 数据、政府规划信息、生活服务网站等在内的区位环境指标数据，具体包括社区周边 2000 米内地铁站和公交站数量以及社区周边 3000 米内的幼儿园、小学、中学、医院、商场、超市和公园数量。

采用数据分析函数将分散式长租公寓所在社区与二手房所在社区进行匹配，得到有分散式长租公寓的社区住房销售挂牌数据和普通租赁住房月租金挂牌数据分别为 26235 和 6784 个观测值，以及无分散式长租公寓的社区住房销售挂牌数据和普通租赁住房月租金挂牌数据分别为 18578 个和 5413 个观测值。为了剔除极端值对研究的影响，本研究首先对住房价格、房屋面积、物业费、普通租赁住房份额以及分散式长租公寓份额进行缩尾处理，对于小于 1% 的数用 1% 的值赋值，对于大于 99% 的观测值用 99% 的值赋值。另外，异方差长期以来被认为是 hedonic 房价方程中的一个潜在问题，标准差对其模型中可能存在的异方差和自相关问题不敏感，大样本经常使用稳健标准误差估，在 Stata 软件中输入 Robust 命令得到异方差稳健估计量。

三、模型构建

（一）基准回归模型

本章首先基于横截面数据运用多元回归方法来衡量分散式长租公寓对社区内住房价格和普通租赁住房租金的影响。基于特征价格模型，从房屋特征、社区环境和区位特征角度寻找最佳协变量来评估被解释变量和解释变量之间的关系。考虑到大多数指标为离散型变量，数据的离散程度较高，因此对 $price_i$，$rent_i$ 进行对数据处理，使模型残差呈现随机的特点。

为了研究有无分散式长租公寓对社区内住房价格的影响，在此构建模型 5-1 至 5-4。作为对比，模型 5-1 和 5-3 是只加入核心解释变量的一元回归模型，模型 5-2 和 5-4 是加入协变量后的多元回归模型。

$$lnprice_i = \beta_0 + \beta_1 ifcz + \varepsilon_1 \qquad\qquad 模型\ 5\text{-}1$$

$$lnprice_i = \beta_0 + \beta_1 X_{1i} + \beta_2 X_{2i} + \beta_3 X_{3i} + \beta_4 W_i + \beta_5 ifcz + \varepsilon_2 \qquad 模型\ 5\text{-}2$$

$$lnrent_i = \beta_0 + \beta_1 ifcz + \varepsilon_3 \qquad\qquad 模型\ 5\text{-}3$$

$$lnrent_i = \beta_0 + \beta_1 ifcz + \beta_2 X_{1i} + \beta_3 X_{2i} + \beta_4 X_{3i} + + \varepsilon_4 \qquad 模型\ 5\text{-}4$$

其中，被解释变量 $price_i$ 和 $rent_i$ 分别是指社区内第 i 个样本二手房的挂牌销售价格和月租金。核心变量为虚拟变量，代表观测值是否处在有长租公寓的社区。若观测值位于具有分散式长租公寓所在社区，$ifcz$ 取 1，否则取 0；X_{1i} 表示房屋特征向量；X_{2i} 表示社区环境向量；X_{3i} 表示区位特征向量；W_i 代表社区普通租赁户数所占社区房屋总户数比例。

（二）倾向得分匹配模型

社区内是否存在分散式长租公寓不是随机分布的，可能与社区本身特征、区位因素等内在相关。为了削弱社区内是否有分散式长租公寓的自选择偏误，本研究采用 PSM（价格敏感度测试模型）来削弱这种自选择误差。若样本位于具有分散式长租公寓的社区则为处理组，否则为控制组，分别将协变量代入 logit 模型。在给定房屋特征、社区环境和区位环境的情况下，如果无分散式长租公寓的观测值与有分散式长租公寓的协变量特征相似时，则保留该结果用于匹配。观测值位于具有分散式长租公寓所在小区变量 logit 取 1，否则取 0。通过 logit 回归模型估计样本处于处理组（有分散式长租公寓社区）的条件概率如下：

$$Pr(ifcz = 1) = \beta_0 + \beta_1 X_{1i} + \beta_2 X_{2i} + \beta_3 X_{3i} + \beta_4 W_i + \varepsilon \qquad \text{模型 5-5}$$

　　若匹配后的数据通过了平衡性检验和共同支撑假设，就可以根据匹配后的样本计算出个体在干预状态下的平均处理效用 ATT，即个体 i 在干预状态下的观测结果与其反事实的差，验证分散式长租公寓是否对社区房价和普通租赁住房租金产生影响，以及这种影响程度有多大。

$$ATT = \frac{1}{N_T} \sum m : D_m = 1 \left[V_m - \sum_{n \in Q_n} (w=(m,n) V_n \right] \qquad \text{模型 5-6}$$

　　其中，N_T 是位于分散式长租公寓社区（处理组）的总样本个数，V_m 是处理组中第 m 个观测值，V_n 是控制组中第 n 个观测值，w=（m，n）是匹配倾向得分 m 和 n 的权重函数。

第三节　实证检验

一、描述性统计

住房销售样本和住房租赁样本的各变量描述性统计分析结果

如表 5-2 和表 5-3 所示。由表 5-2 可知，住房销售价格（price）最大值为 59919 元 / 平方米，最小值为 11384 元 / 平方米，标准差为 9719.924，最大值与平均值之比以及平均值与最小值指标均小于 3，表明该数据区间比较合理。由表 5-3 可知，住房租赁价格（rent）最大值为 14000 元 / 月，最小值为 1000 元 / 月，总体来看各变量数据区间较为合理，无明显异常数据。

表 5-2　住房销售样本各变量描述性统计分析结果

变量名称	样本数量	平均值	标准偏差	最小值	最大值
district	47882	2.33	1.041	1	4
floors	47881	1.087	0.759	0	3
nbed	47881	1.882	0.81	1	9
nliv	47880	1.174	0.462	0	5
area	47882	74.458	38.997	20.94	228.91
price	47882	27652.35	9719.924	11384	59919
platra	47882	1.918	0.833	0.8	5.9
grera	47882	0.25	0.132	0.1	0.588
hage	47882	21.232	10.15	1	41
procost	47754	1.201	1.171	0.1	5.8
nsub	47882	5.013	3.1	0	12
nbus	47882	61.103	18.982	21	107
nkind	47882	83.808	30.744	17	133
npri	47882	27.647	16.047	2	64
nmid	47882	20.66	12.772	0	49
nhos	47882	31.735	19.352	1	67
nmarket	47882	32.082	31.157	2	127
nshop	47882	317.577	150.237	0	625
npark	47882	18.822	12.578	3	52
psshare	47882	0.012	0.011	0.001	0.075
csshare	26235	0.008	0.013	0	0.095
ifcs	47882	0.548	0.498	0	1

表 5-3　住房租赁样本各变量描述性统计分析结果

变量名称	样本数量	平均值	标准偏差	最小值	最大值
district	12161	2.447	0.875	1	4
floors	12161	1.096	0.75	0	2
nbed	12161	1.722	0.777	1	4
nliv	12161	1.094	0.394	0	2
area	12161	67.953	38.339	18.39	220
ntoil	12161	1.081	0.332	0	2
lease	12161	1	0	1	1
direc	12161	0.738	0.44	0	1
rent	12161	2857.205	2013.075	1000	14000
grera	12161	0.243	0.127	0.1	0.58
hage	12161	21.606	10.532	1	40
procost	12161	1.392	1.322	0.1	5.48
nsub	12161	5.588	3.011	0	12
nbub	12161	64.761	19.457	22	110
nkind	12161	84.007	28.586	18	132
npri	12161	30.419	16.554	3	64
nmid	12161	22.496	13.206	1	49
nhos	12161	34.078	19.306	1	67
nmarket	12161	36.359	32.857	1	126
nshop	12161	327.401	141.592	0	603
npark	12161	19.87	12.541	4	50
parking	12161	0.335	0.472	0	1
ifcs	12161	0.555	0.497	0	1
csshare	12161	0.01	0.019	0	0.134

二、实证结果

（一）OLS 模型的估计结果

分散式长租公寓对房价的影响结果如表 5-4 所示。由模型 5-1

可知，在控制所有协变量的情况下，若房屋位于具有分散式长租公寓的社区则房价会提高 2036 元，大概上涨 9.1%，且在 1% 水平上显著。由模型 5-2 可知，在加入协变量之后，平均处理效应降低为4.9%，且在 1% 水平上显著，其余协变量也都显著。就房屋特征变量而言，房屋所在楼层会对房价产生负面影响，而房屋客厅、卧室数量的增多会提高房屋的价格。就社区环境特征而言，房龄的增加和容积率的提高会降低社区房价。区位特征方面，随着社区 2000米范围内地铁站、公交站的数量，以及 3000 米范围内小学、中学、商场的数量增多，社区的房价会显著提高。因此假设 1 得到验证，分散式长租公寓会提高社区内房价。

运用模型 5-3 和模型 5-4 可获得分散式长租公寓对普通租赁住房租金的影响效果。可知，房屋所在楼层、房龄变量对租金有着明显的负向影响，而卧室数量、房屋面积、绿化率、2000 米内地铁站和 3000 米内中小学数量、医院数量、商场的数量对租金具有显著的正向影响。而对于主要核心解释变量 *ifcs* 无论是否控制其他协变量对房租的影响，其对社区内普通租赁住房的租金影响均呈现抑制作用，即验证了假设 2。

表 5-4　分散式长租公寓对住房价格 OLS 基准回归结果

变量	模型 5-1	模型 5-2	模型 5-3	模型 5-4
	lnprice	*lnprice*	*lnrent*	*lnrent*
ifcs	0.091***	0.049***	−0.029***	−0.009*
	（0.003）	（0.002）	（0.008）	（0.005）
floors	—	−0.027***	—	−0.051***
	—	（0.002）	—	（0.003）
nbed	—	0.076***	—	0.009
	—	（0.003）	—	（0.006）

续表

变量	模型 5-1	模型 5-2	模型 5-3	模型 5-4
	lnprice	*lnprice*	*lnrent*	*lnrent*
nliv	—	0.097***	—	0.04***
	—	（0.004）	—	（0.012）
plotra	—	−0.006***	—	0.062***
	—	（0.002）	—	（0.003）
grera	—	0.555***	—	0.651***
	—	（0.015）	—	（0.027）
area	—	0.002***	—	0.009***
	—	（0）	—	（0）
hage	—	−0.004***	—	−0.003***
	—	（0）	—	（0）
nsub	—	0.017***	—	0.033***
	—	（0.001）	—	（0.002）
nbus	—	0.004***	—	0
	—	（0）	—	（0）
nkind	—	0.003***	—	0.001**
	—	（0）	—	（0）
nmid	—	0.019***	—	0.003***
	—	（0）	—	（0.001）
nhos	—	0.003***	—	0.004***
	—	（0）	—	（0.001）
nmarket	—	0**	—	0
	—	（0）	—	（0）
npark	—	0.006***	—	0.004***
	—	（0）	—	（0.001）
psshare	—	−0.648***	—	—
	—	（0.12）	—	—
_cons	10.119***	9.541***	7.814***	6.701***
	（0.002）	（0.012）	（0.006）	（0.023）
Observations	47882	47879	12161	12161
R-squared	0.017	0.462	0.001	0.648

注：* 表示在 10% 的显著水平上显著，** 表示在 5% 的显著水平上显著，*** 表示在 1% 的显著水平上显著。括号里是稳健性标准误差。

（二）倾向得分匹配模型分析

社区内是否存在分散式长租公寓可能与社区本身特征、区位因素等内在相关，因此 OLS 方法可能并不能准确判断出分散式长租公寓对房屋价格的影响。比如，为了方便年轻人上班出行，分散式长租公寓本身就会选址繁华地带，社区周边配套设施比较好，因而该社区的房屋价格就比没有分散式长租公寓的社区要高，由此无法确定分散式长租公寓的存在是否提高了所在社区的房屋价格。为了避免样本的选择性偏差，减弱内生性偏差，本研究使用罗森鲍姆（Rosenbaum）和罗宾（Rubin）所提出的倾向评分匹配法，通过控制处理组与控制组协变量的取值大致相等从而达到变量选择近似随机的目的。由于无分散式长租公寓社区内的样本量较大，本研究先行选择 1:4 近邻方法进行匹配。

1. PSM 平衡性检验和共同支撑假设检验

首先，以无长租公寓的社区 21647 个销售样本和 5414 个租赁样本为对照组，基于模型 5-5 使用 logit 回归模型估计样本处于处理组（有分散式长租公寓社区）的条件概率，从而减少样本选择的内生性。此外，倾向得分匹配要求对匹配后的样本进行平衡性和共同支撑假设检验，在此过程中协变量在匹配后不显著才能达到平衡性假设的要求。表 5-5 显示了销售匹配的平衡性检验结果。除了楼层、房龄和 3000 米内中学个数，大多数变量与匹配前相比和控制组的差异都显著降低，t 检验的结果也表明不能拒绝"处理组与对照组无系统性差异"的原假设。从 p 值看，在 p=0.01 和 p=0.05 的显著性水平下，匹配前卧室、客厅数量、房屋面积、容积率、绿化率、客厅数量、房屋面积、3000 米内超市数量、3000 米内幼儿园数量、2000 米内公交站数量、所在社区传统租赁所占份额等差异明显，协变量标准偏差绝对值以及 p 值显著性均明显下降。匹配后特征变量的标准偏差绝对值大多数小于 10%，各协变量匹配前后的标准化偏差如图 5-1 所示。相对于匹配前的标准偏差减小幅度最小为71.2%，最高为 93.9%。

同理，表 5-6 为租赁样本匹配后进行平衡性检验的结果，标准偏差除了卧室数量和社区容积率之外，其他变量都显著，大多数 t 检验结果不拒绝处理组和控制组无系统差异的原假设，说明倾向得分匹配法能够有效削弱处理组和控制组之间的系统差异。

综上，本研究选取的匹配方法较为合理，匹配后处理组与控制组构成的新样本符合平衡性假设。

表 5-5　销售样本匹配后平衡性检验

变量名	样本	均值		标准偏误（%）	误差消减（%）	t 检验	
		处理组	控制组			t 值	p 值
floors	匹配前	1.0892	1.0841	0.7	-10.1	0.73	0.467
	匹配后	1.0892	1.0837	0.7		0.84	0.401
nbed	匹配前	1.9152	1.8419	9.1	80.3	9.88	0.000
	匹配后	1.9153	1.9297	-1.8		-1.99	0.047
nliv	匹配前	1.2054	1.1371	14.8	93.9	16.15	0.000
	匹配后	1.2055	1.2096	-0.9		-0.98	0.326
plotra	匹配前	1.9111	1.9265	-1.8	44.5	-2.02	0.043
	匹配后	1.9111	1.9025	1.0		1.18	0.236
grera	匹配前	0.26394	0.23336	23.4	91.3	25.42	0.000
	匹配后	0.26395	0.26129	2.0		2.28	0.022
area	匹配前	75.081	73.697	3.5	88.0	3.86	0.000
	匹配后	75.075	75.241	-0.4		-0.48	0.628
hage	匹配前	20.609	21.99	-13.7	71.5	-14.85	0.000
	匹配后	20.608	21.002	-3.9		-4.42	0.000

续表

变量名	样本	均值		标准偏误（%）	误差消减（%）	t检验	
		处理组	控制组			t值	p值
nsub	匹配前	4.9849	5.0478	-2.0	63.0	-2.21	0.027
	匹配后	4.9849	5.0082	-0.8		-0.86	0.392
nbus	匹配前	61.506	60.616	4.7	70.9	5.11	0.000
	匹配后	61.506	61.765	-1.4		-1.54	0.123
nkind	匹配前	82.696	85.157	-8.0	85.8	-8.72	0.000
	匹配后	82.696	82.348	1.1		1.30	0.193
nmind	匹配前	20.692	20.623	0.5	-71.2	0.59	0.555
	匹配后	20.692	20.81	-0.9		-1.04	0.297
nhos	匹配前	31.62	31.877	-1.3	57.0	-1.45	0.148
	匹配后	31.62	31.73	-0.6		-0.65	0.517
nshop	匹配前	311.63	324.8	-8.8	90.0	-9.56	0.000
	匹配后	311.63	312.94	-0.9		-0.99	0.320
psshare	匹配前	0.0117	0.01134	3.2	28.6	3.47	0.001
	匹配后	0.0117	0.01144	2.3		2.61	0.009

表5-6　租赁样本匹配后平衡性检验

变量名	样本	均值		标准偏误（%）	误差消减（%）	t检验	
		处理组	控制组			t值	p值
floors	匹配前	1.1108	1.0774	4.4	81.2	2.44	0.015
	匹配后	1.1108	1.1046	0.8		0.49	0.626
nbed	匹配前	1.7221	1.7214	0.1	-4502.5	0.05	0.959
	匹配后	1.7221	1.7557	-4.3		-2.50	0.013
nliv	匹配前	1.0969	1.0894	1.9	-2.2	1.04	0.297
	匹配后	1.0969	1.1046	-1.9		-1.13	0.257
area	匹配前	66.081	70.287	-10.9	95.7	-6.02	0.000
	匹配后	66.081	66.261	-0.5		-0.29	0.773
plotra	匹配前	2.0014	2.1972	-17.2	60.8	-9.70	0.000
	匹配后	2.0014	1.9247	6.8		5.02	0.000

变量名	样本	均值		标准偏误(%)	误差消减(%)	t检验	
		处理组	控制组			t值	p值
grera	匹配前	0.25065	0.23438	12.9	99.7	7.05	0.000
	匹配后	0.25065	0.2506	0.0		0.02	0.982
hage	匹配前	21.039	22.311	−12.2	56.3	−6.63	0.000
	匹配后	21.039	21.595	−5.3		−3.11	0.002
nsub	匹配前	5.5695	5.6104	−1.4	49.4	−0.74	0.457
	匹配后	5.5695	5.5488	0.7		0.40	0.688
nbus	匹配前	65.008	64.454	2.9	88.7	1.56	0.119
	匹配后	65.008	64.945	0.3		0.19	0.850
nkind	匹配前	82.754	85.569	−9.9	65.4	−5.40	0.000
	匹配后	82.754	83.729	−3.4		−1.98	0.048
nmid	匹配前	22.447	22.557	−0.8	66.3	−0.45	0.649
	匹配后	22.447	22.41	0.3		0.16	0.871
nhos	匹配前	33.754	34.482	−3.8	91.8	−2.07	0.039
	匹配后	33.754	33.694	0.3		0.18	0.857
nmarket	匹配前	35.188	37.82	−8.0	99.8	−4.39	0.000
	匹配后	35.188	35.182	0.0		0.01	0.992
nshop	匹配前	321.84	334.34	−8.8	73.5	−4.84	0.000
	匹配后	321.84	325.15	−2.3		−1.36	0.175
npark	匹配前	19.614	20.191	−4.6	80.9	−2.52	0.012
	匹配后	19.614	19.503	0.9		0.52	0.606

图 5-1 和图 5-2 更直观地展现了销售样本和租赁样本各协变量在匹配前后的标准差变动情况，点和 × 分别代表每个变量原先未匹配时及匹配后的处理组与控制组之间的标准化偏差。可以看出，通过倾向得分匹配各协变量的标准化偏差有明显降低，相比于匹配前更趋向于 0 轴，特征变量的标准偏差都小于 5%，因而匹配后的数据较之匹配前更为平衡。

图 5-3 和图 5-4 分别展示了销售样本和租赁样本匹配前后倾向得分的共同取值情况，匹配前后实验组及对照组的观测值基本都在共同取值范围内，因此可以认为二者共同支撑区域较大，匹配后的数据较之匹配前在变动趋势上的系统性差异减小，匹配效果良好。

　　倾向得分匹配同时需要满足共同支撑假设，通过对匹配前后的核密度情况进行对比，如图 5-5、图 5-6 所示，销售样本和租赁样本左图中匹配前处理组与控制组的核密度分布有着较为细微的差别，经过匹配，两组核密度分布差异明显减小，倾向得分走势几乎一致，说明匹配后的数据满足共同支撑假设。

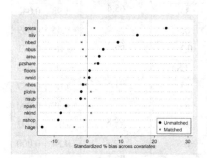

图 5-1　销售样本匹配前后各变量的标准化偏差

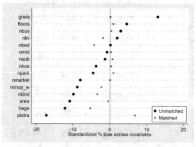

图 5-2　租赁样本匹配前后各变量的标准化偏差

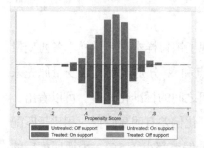

图 5-3　销售样本匹配前后倾向得分共同取值情况

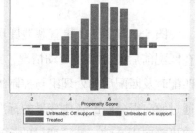

图 5-4　租赁样本匹配前后倾向得分共同取值情况

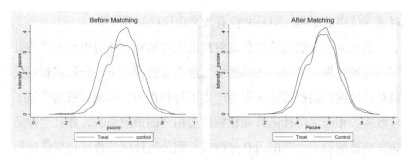

图 5-5　销售样本匹配前后倾向得分密度分布表

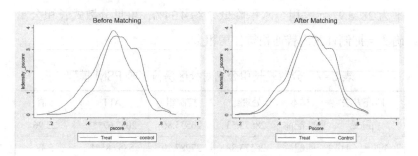

图 5-6　租赁样本匹配前后倾向得分密度分布表

2. PSM 匹配后结果分析

基于模型 5-6，采用基于 1:4 近邻匹配方式分析分散式长租公寓对社区房价平均处理效应。结果如表 5-7 所示。在控制了各项协变量之后，有分散式长租公寓对社区房价呈现显著的正向影响。在匹配前可以看到，有分散式长租公寓的社区内房价比无分散式长租公寓社区的房价高出 2037.67 元，用该差异除以控制组（未被干预组）的值得到高出 7.68% 的结果，而匹配后有分散式长租公寓的社区房价比无分散式长租公寓社区的房价高出 586.68 元，即比无分散式长租公寓社区的房价高 2.10%。显然经过匹配，分散式长租公寓对社区房价的积极影响被削弱，说明内生性偏差高估了分散式长租公寓对房屋价格的影响，但是并没有改变房价的符号性质。

表 5-8 为分散式长租公寓对社区内普通租赁住房租金的平均处理效应的结果。可知，在其他协变量不变的情况下，分散式长租公寓对社区内普通租赁住房租金产生了抑制作用，匹配后依然验证了分散式长租公寓对社区普通租赁住房租金的负向影响，并且这种负向影响被削弱了。匹配后有分散式长租公寓社区的普通租赁住房租金水平为 2706.28 元，而无分散式长租公寓社区的普通租赁租金水平为 2828.92 元，租金水平降低了约 4.34%，可见分散式长租公寓确实会抑制社区内普通租赁住房租金。

表 5-7　分散式长租公寓对社区房价影响 PSM 模型

匹配方法	样本	处理组	控制组	ATT	t 值
price	匹配前	28573.53	26535.86	2037.67***	22.96
近邻匹配（1:4）	匹配后	28573.88	27987.20	586.68***	5.48

注：*** 表示在 1% 的显著水平上显著。

表 5-8　分散式长租公寓对社区普通租赁住房租金影响 PSM 模型

匹配方法	样本	处理组	控制组	ATT	t 值
rent	匹配前	2706.29	3045.34	-339.053***	-9.26
近邻匹配（1:4）	匹配后	2706.28	2828.92	-122.64**	-2.65

注：** 表示在 5% 的显著水平上显著，*** 表示在 1% 的显著水平上显著。

三、稳健性检验

为了进一步检验上述实证结果的可靠性，本研究分别针对销售样本和租赁样本采用一对一近邻匹配、一对二匹配、半径匹配和核匹配等不同匹配方式，分析分散式长租公寓对社区内房价和租金的平均处理效应，从而验证分散式长租公寓对社区房价影响效应的稳健性。

　　表 5-9 和表 5-10 显示出在不同匹配方法下分散式长租公寓对社区房价和普通租赁住房租金的平均处理效应。虽然运用了不同的匹配方法，但平均处理效应的结果差别却并不是很大，房价符号性质也没有改变。具体可知，有长租公寓社区的房价平均干预效应在 265.75~721.36 元之间，即有长租公寓社区房价提升程度在 0.93%~2.59% 之间。而有长租公寓社区的租金平均干预效应为 64.96~120.10 元，即对普通租赁住房租金的抑制作用为 2.23%~4.34%。标准估计量在 1% 或 5% 水平上显著，这进一步说明了结果的稳健性。

表 5-9　销售样本不同匹配方法下结果

匹配方法	变量	处理组	控制组	ATT	t 值
近邻匹配（1:1）	房价	27640.48	27150.58	489.90***	4.82
近邻匹配（1:2）	房价	28573.88	28308.13	265.75**	2.24
半径匹配	房价	28573.37	27967.20	606.18***	6.44
核匹配	房价	28573.88	27852.52	721.36***	7.74

注：** 表示在 5% 的显著水平上显著，*** 表示在 1% 的显著水平上显著。

表 5-10　租赁样本不同匹配方法下结果

匹配方法	变量	处理组	控制组	ATT	t 值
近邻匹配（1:1）	租金	2839.47	2904.42	-64.96**	-2.48
近邻匹配（1:2）	租金	2706.29	2827.28	-120.10**	-2.35
半径匹配	租金	2706.18	2798.46	-92.29**	-2.25
核匹配	租金	2706.29	2800.97	-94.68**	-2.33

注：** 表示在 5% 的显著水平上显著。

四、进一步分析

前文通过运用倾向得分匹配法得出有长租公寓社区和无长租公寓社区住房价格的差别，但是在有分散式长租公寓的社区内，分散式长租公寓份额对住房价格的影响效应尚不清晰。在此，本研究基于特征价格模型，并运用OLS多元回归对这一问题展开实证分析。

表5-11是分散式长租公寓占比对社区内房价影响的估计结果。可知，*csshare*系数符号为正，且在1%水平上显著，即占比提升促进了社区内房价的上涨。具体而言，社区内分散式长租公寓份额每增长1%，社区内房价将会提高0.042%。原因可能在于，社区内分散式长租公寓份额越大，长租公寓公司对社区内旧有出租房屋和闲置房屋进行现代化改造和翻新的比例越大，整个社区重建美化的程度越高，社区整体环境越能得到改善，进而驱动社区房价增长。

表5-12显示出分散式长租公寓份额对普通租赁住房租金的影响程度。房屋所在楼层、房龄变量对租金有着明显的负向影响，而卧室数量、房屋面积、容积率、绿化率、2000米内地铁站和3000米内医院、超市、商店的数量对租金具有显著的正向影响作用。*csshare*系数符号为负，可知社区内分散式长租公寓份额对社区内普通租赁住房具有负向影响作用。社区内分散式长租公寓份额每增长1%，其对租金的抑制作用增加0.162%。原因可能在于，社区内分散式长租公寓份额的持续增大会不断提升整个住房租赁市场中的住房供给量，从而降低市场租金。此外，社区内普通住房租赁市场与分散式长租公寓市场是一种竞争关系，为了吸引租客，普通租赁住房的房主可能会采取降价的商业策略来吸引对价格敏感的客户。

表 5-11　社区分散式长租公寓占比对房价 OLS 估计结果

lnprice	Coef·	St.Err.	t-value	P-value	[95%Conf lnterval]	
					Lower	Upper
floors	−0.021***	0.002	−10.38	0	−0.025	−0.017
area	0.002***	0	18.23	0	0.002	0.002
nbed	0.058***	0.004	16.45	0	0.051	0.065
nliv	0.084***	0.005	17.35	0	0.074	0.093
plotra	−0.004	0.002	−1.58	0.114	−0.008	0.001
grera	0.364***	0.02	18.56	0	0.326	0.403
lnhage	−0.013***	0.004	−3.38	0.001	−0.021	−0.006
lnnsub	0.081***	0.005	16.80	0	0.072	0.091
lnnbus	0.133***	0.009	14.70	0	0.115	0.15
lnnpark	0.045***	0.006	−7.32	0	−0.057	−0.033
lnnhos	0.169***	0.009	19.75	0	0.152	0.185
lnnpri	0.253***	0.009	28.09	0	0.235	0.271
nmid	0.015***	0	33.83	0	0.014	0.016
nmarket	0	0	0.92	0.357	0	0
nshop	0.001	0	22.38	0	0.001	0.001
psshare	0.275	0.176	1.56	0.118	−0.069	0.619
csshare	0.042***	0.143	3.15	0.002	0.017	0.073
constant	9.191***	0.039	235.34	0	9.115	9.268
Mean dependent var		10.247	SD dependent var			0.300
R-squared		0.434	Number of obs			22281

注：*** 表示在 1% 的显著水平上显著。

表 5-12　社区分散式长租公寓占比对普通租赁住房租金 OLS 估计结果

lnrent	Coef·	St.Err.	t-value	P-value	[95%Conf lnterval]	
					Lower	Upper
floors	−0.039***	0.005	−8.53	0	−0.048	−0.03
plotra	0.108***	0.005	20.76	0	0.098	0.118
nbed	0.062***	0.011	5.89	0	0.041	0.082
nliv	−0.004	0.015	−0.30	0.765	−0.033	0.024

续表

lnrent	Coef·	St.Err.	t-value	P-value	[95%Conf lnterval]	
					Lower	Upper
grera	0.279***	0.044	6.33	0	0.193	0.366
hage	−0.004***	0.001	−6.58	0	−0.005	−0.003
nsub	0.041***	0.002	20.87	0	0.037	0.045
nbus	−0.002***	0	−5.21	0	−0.003	−0.001
nkind	−0.001**	0	−2.25	0.024	−0.002	0
nmid	0.002**	0.001	2.33	0.02	0	0.004
nhos	0.005***	0.001	7.31	0	0.004	0.006
nmarket	0.001**	0	2.00	0.045	0	0.001
nshop	0**	0	2.27	0.023	0	0
npark	−0.009***	0.001	−9.87	0	−0.011	−0.007
csshare	−0.162**	0.006	−2.29	0.022	−0.155	−0.169
Constant	6.843	0.034	199.82	0	6.776	6.911
Mean dependent var		7.784	SD dependent var			0.408
R-squared		0.611	Number of obs			6748

注：** 表示在 5% 的显著水平上显著，*** 表示在 1% 的显著水平上显著。

第六章　研究结论与对策建议

针对第四章和第五章的实证研究，本章分析并归纳了天津市集中式长租公寓、分散式长租公寓对周边社区房价影响的研究结论。同时结合国内外长租公寓发展的经验，从政策、规划、管理、运营、监管等方面提出了促进天津市长租公寓健康发展的对策建议。

第一节　研究结论

一、集中式长租公寓对社区住房价格影响的研究结论

随着中国社会的经济发展和居民消费的不断升级，人们对住房的要求不再仅仅是基本的住宅需求，还包括更高品质的住房体验需求。集中式长租公寓通过提供高品质的公寓和便捷的生活服务，满足了一部分人群对于品质生活的需求。政府出台了一系列支持集中式长租公寓发展的政策和措施，包括税收优惠、土地政策调整和金融支持等，这些政策措施旨在鼓励企业投资兴建集中式长租公寓，提高租赁市场的供给质量。实际上，集中式长租公寓模式在一定程度上已经改变了中国的住房市场格局。本研究以天津市为研究对象，

从集中式长租公寓影响的范围、时间和空间角度深入探究其对住房市场的影响。本研究基于天津市 2015—2022 年开业的 34 家集中式长租公寓门店及周边住房社区历史成交数据，采用多期双重差分模型、空间滞后模型和空间杜宾模型实证检验集中式长租公寓项目对住房价格影响的时空异质效应，研究发现可归结为以下几点。

第一，天津市集中式长租公寓对周边社区房价整体呈现负向影响效应。研究发现住房社区到集中式长租公寓的距离每增加 1000 米，房价就增加 1%，并在 1% 水平上显著。这种负向影响效应在距集中式长租公寓 1200 米的半径范围内是显著的，而对距离集中式长租公寓 1500 米内的小区房价无影响。这意味着集中式长租公寓的出现通常导致周边社区二手房价格下降。这一结果表明，集中式长租公寓市场与传统商品房市场之间存在复杂的作用关系，需要更深入的解释和研究。本研究提出集中式长租公寓可能通过增加人口密度导致区域内部积聚的系统性风险增强、"不受欢迎的人"涌入可能导致邻里关系不和谐等负面外部性因素进而致使社区吸引力下降，影响房价。

第二，天津市集中式长租公寓对周边社区房价的影响具有空间异质性。研究表明，天津市集中式长租公寓对周边社区房价的影响范围并不是均匀的。从微观层面讲，集中式长租公寓对周边社区房价的影响在不同半径范围内呈现不同的效果。研究运用传统的多期 DID 模型时发现，在 0~400 米范围内，集中式长租公寓对周边社区房价产生更显著的负向影响，抑制作用为 6%；在 400~800 米和 800~1200 米距离环内的房价抑制作用分别为 3.1% 和 1.4%。在考虑了房价的空间溢出效应之后，研究采用空间滞后模型和空间杜宾模型进行了分析，所得到的结果仍然类似：对距离集中式长租公寓400 米范围内的房价抑制效果最强，分别为 3.9%~4.5%；400~800米距离环内房价的抑制作用为 1.5%~2.4%；800~1200 米距离环内房价的抑制作用分别为 1%~2%，这种差异可能受到地理位置、市场供需情况和周边基础设施等因素的影响。可以看出，集中式长租公寓对不同距离环内的社区房价呈现不同的抑制作用，且随着距离的增加，这种抑制效果也越来越弱。从宏观层面讲，天津市集中式长租公寓对环城区域社区房价的抑制影响更为明显，其次是中心城区和远郊区。

　　第三，在影响的时间效应方面，天津市集中式长租公寓对周边社区房价的影响效果具有持续性和动态变化性。研究发现，随着时间的推移，集中式长租公寓的影响呈现出一定的动态变化，影响效果逐渐减弱。其中，开业第 1 年的抑制性最强，为3.5%~4%，到第 4 年抑制效果下降到 0.2%~1.1%，直至第 5 年抑制效果消失。这可能反映了集中式长租公寓市场的成熟过程，以及市场参与者对其逐渐适应的过程。因此，在考虑集中式长租公寓对商品房市场影响时，需要考虑时间维度，并随着市场演变而调整政策。

　　第四，天津市集中式长租公寓对周边社区房价的影响在空间上存在较强的正向溢出效应，即集中式长租公寓越密集的地方周边社区房价下降越明显。本研究通过空间滞后模型和空间杜宾模型检验发现，集中式长租公寓的影响并不仅局限于所在社区本身。空间溢出效应表明，集中式长租公寓的出现可以通过市场中的空间联动效应，对更远距离的社区房价产生一定程度的影响。这强调了集中式长租公寓市场的复杂性，以及其对整个城市或地区房地产市场的潜在影响。

第五，天津市集中式长租公寓对周边社区房价影响的空间效应具有直接效应和间接效应。直接效应包括两个部分：一是集中式长租公寓开业对该周边区域房价的影响，二是经济距离相近的社区房价对该区域房价的反馈影响。间接效应是距离相近的集中式长租公寓对该区域房价的影响，也指集中式长租公寓开业对距离相近的社区房价的影响。实证结果表明，集中式长租公寓的开业不仅会抑制其周边社区的房屋交易价格（直接效应），还能使距离相近的社区房价下降（间接效应），从而再次反馈影响本区域的房价（直接效应），但是间接效应往往容易被忽视。本研究认为集中式长租公寓吸引了特定类型的租户，如青年人或短期居住者，这可能导致传统住房租赁市场中的购房需求减少。这种需求减少可能会对周边社区房价产生抑制效应，因为需求下降通常导致价格下降。

第六，随着天津市集中式长租公寓数量的增加，其对周边社区房价的抑制效果会更强。本研究将研究样本分为受单个公寓影响部分和受两个及两个以上集中式长租公寓影响部分，初步发现受多个集中式长租公寓影响的社区房价更低，其抑制性为3.7%，而单个集中式长租公寓的房价抑制性为2.3%。这说明在研究集中式长租公寓对住房市场影响的外部性因素时，不仅要考虑到其空间位置、开业时间，还应该考虑其数量对住房市场的影响。

二、分散式长租公寓对社区住房价格影响的研究结论

本研究运用普通最小二乘法和倾向得分匹配法，从房价和租金两个层面分析了分散式长租公寓对社区内住房价格的影响，并以拥

有分散式长租公寓的社区为样本，进一步探讨了分散式长租公寓份额对社区内住房价格的影响，主要结论如下。

第一，分散式长租公寓提高了社区内房价水平，提高幅度平均为 0.93%~2.59%。此外，通过研究分散式长租公寓的房屋特征发现，房屋所在楼层会影响房价，而房屋客厅、卧室数量的增多会提高房屋的价格；对于社区环境特征，房龄的增加和容积率的提高会降低社区房价，随着社区 2000 米范围内地铁站、公交站的数量，以及 3000 米范围内小学、中学、商场的数量增多，社区房价会显著提高。通过以无长租公寓社区为对照进行倾向得分匹配检验，本研究排除了社区本身特征、区位因素等内在因素影响。

第二，分散式长租公寓降低了社区内普通租赁住房租金，降低幅度平均为 2.23%~4.34%。分析分散式长租公寓的房屋特征及社区环境特征发现，房屋所在楼层、房龄变量对租金有着明显的负向影响，而卧室数量、房屋面积、绿化率、2000 米内地铁站数量、3000 米内中小学数量、医院数量、商场数量对租金具有显著的正向影响。

第三，分散式长租公寓份额对社区内房价呈正向影响。分散式长租公寓份额每增长 1%，社区内房价将提高 0.042%。

第四，分散式长租公寓份额对社区内普通租赁住房租金呈负向影响。分散式长租公寓份额每提高 1%，普通租赁住房租金随之下降 0.162%。房屋所在楼层、房龄变量对租金有着明显的负向影响，而卧室数量、房屋面积、容积率、绿化率、2000 米内地铁站数量以及 3 千米内医院、超市、商店的数量对租金具有显著的正向影响。

第二节　对策建议

一、集中式长租公寓发展的对策建议

（一）提高周边社区居民对集中式长租公寓的接受度

首先，集中式长租公寓对周边社区房价产生抑制性的渠道会通过影响附近居民的生活质量，触发邻避效应，因而可以通过改善集中式长租公寓周边交通、教育、医疗和商场等公共基础设施，提高附近房产所有者对集中式长租公寓的接受度。其次，相关部门通过开展宣传活动、举办专题讲座和发放宣传材料等方式，向居民介绍集中式长租公寓的功能、特点和优势，消除居民对集中式长租公寓的误解和疑虑。再次，建立集中式长租公寓与周边社区居民的合作机制，促使双方共同开展社区活动，增强社区凝聚力，提高周边社区居民对集中式长租公寓的认知和理解。最后，政府还可以加强对集中式长租公寓行业的管理和监督，确保其建设和运营符合相关法律法规和政策要求，提高周边社区居民对其安全性和稳定性的信任度。

（二）当地政府应完善相关政策

集中式长租公寓市场发展是城市建设发展的一部分，因而与其相关的政策也要符合城市发展的总方向，与城市发展相配套，与商业、住宅、工业等发展相互促进。近年来，天津市集中式长租公寓市场发展迅速，引起了投资者和政策制定者的重视。研究表明，这些公寓对周边社区房价产生了抑制效应，当地政府应出台相关政策，以确保房地产行业的平稳发展。第一，政府应制定出台综合的城市发展策略，将集中式长租公寓的发展与更广泛的城市规划目标相结合。这一策略应考虑到集中式长租公寓在提供经济适用房选项方面的作用，同时解决与房屋价格和市场稳定性相关的问题。第二，要制定区域规划法规，合理规划集中式长租公寓开发的位置和密度。将这些发展项目战略性地布置在基础设施和便利设施充足的地区，尽可能最小化其对周边社区住房价格的影响，同时最大化其对城市振兴工作的贡献。总之，通过将这些建议纳入更广泛的城市发展中，当地政府可以促进房地产市场更加平稳可持续发展，从而使机构和居民都能受益。

（三）强化数据采集管理工作，建立监测评估体系

首先，本研究揭示了天津市集中式长租公寓对周边社区房价的抑制效果随着开业年数的增加而衰减，且集中式长租公寓对周边社区房价的影响具有空间递减性和溢出性特征。因此，本研究建议当地政府应加强数据采集管理工作，建立完善的数据采集系统。这包括收集和整理集中式长租公寓的项目数量、规模、空间分布及运营时间、租金、土地利用数据等信息，建立统一的数据标准和格式，确保数据的准确性和及时性。其次，针对集中式长租公寓对周边社区房价的时空和叠加影响效应，当地政府应建立科学的监测评估体系，实时监测区域内集中式长租公寓对周边社区房价的影响力度与趋势变化。监测评估体系应确保评估结果客观、科学和可信。监测评估工作可委托专业机构或学术机构进行，也可设立专门的监测评估部门或机构负责相关工作。再次，政府可与行业协会和企业合作，共同推动数据采集和监测评估工作的展开。建立政府、行业协会和

企业之间的信息共享机制和合作机制，更好地利用行业专业知识和企业实践经验，提高数据采集和监测评估工作的效率和质量。最后，在建立监测评估体系的基础上，制定相应的政策措施，加强对集中式长租公寓市场的监管和调控。具体而言，应根据监测评估结果及时调整土地供应政策、房地产开发政策和租赁市场政策，以减轻集中式长租公寓对周边社区房价的抑制作用，并对不断变化的市场状况及时做出响应，促进房地产市场的平衡和稳定发展。

（四）加强规划建设，合理控制集中式长租公寓的开发规模

鉴于天津市集中式长租公寓对周边社区房价的抑制作用，首先，当地政府应当平衡风险与收益，兼顾租客和普通商品住房居民的利益，加大对普通商品住房社区及其周边区域的更新改造力度，完善配套设施，如教育、医疗、公园、绿地和休闲设施，以提高居民生活品质，增强普通商品住房社区的吸引力，减少集中式长租公寓建设对周边社区房价的抑制程度。其次，当地政府应当根据区域房地产市场发展现状做好集中式长租公寓的规划建设工作。具体而言，鼓励在房价相对较高的区域增加集中式长租公寓项目供给数量，这样既解决了租客居住问题，又降低了区域住房销售价格，有利于提升居民住房购买能力。而在房价相对较低的区域则减少集中式长租公寓的建设，尽量减少普通商品住房居民房屋财富的缩水。最后，有关部门可以制定集中式长租公寓的开发配额进行规模限制，避免市场供应过剩和恶性竞争，同时也应考虑到不同区域的需求和市场成熟度，确保集中式长租公寓的发展与市场需求相适应。总之，政府应采取积极的政策和监管措施以平衡市场供求，合理控制集中式长租公寓的开发规模，促进集中式长租公寓行业的健康可持续发展。

二、分散式长租公寓发展的对策建议

分散式长租公寓可以降低社区内普通租赁住房租金，有利于提高租客的住房租赁支付能力。此外，分散式长租公寓提高了社区内房价水平，且该促进作用是通过社区更新改造、提升社区活力和促进社区周边商业发展等途径形成的，存在一种正向的溢出效应，因此分散式长租公寓可作为政府调控房地产市场的重要抓手之一，为了促进我国房地产市场平稳健康发展，本研究提出如下政策建议。

（一）建立健全分散式长租公寓价格监管机制

政府应首先明确监管主体与职责，设立或指定专门机构负责分散式长租公寓价格的日常监测与调控工作，确保监管工作的高效执行与责任落实。同时，政府需制定详细的价格监管规则与标准，包括但不限于租金定价原则、涨幅限制、信息披露要求等，为市场参与者提供清晰的指导与约束。在加强市场监管方面，政府应充分利用大数据、云计算等现代信息技术手段，构建长租公寓价格监测平台，实时收集并分析租金变动情况，及时发现并预警价格异常波动。此外，还应建立健全投诉举报机制，鼓励租户、住房所有者及社会各界积极参与监督，形成全社会共治的良好氛围。针对分散式长租公寓企业在收房和出租过程中可能出现的价格垄断与不正当竞争行为，政府应加大执法力度，依法严厉查处哄抬租金、恶意降价、虚假宣传等违法违规行为，维护市场公平竞争秩序。同时，通过引导行业自律、推动诚信体系建设等措施，提升行业整体服务水平与公信力，促进分散式长租公寓和普通住房租赁市场协同有序发展。

（二）增加分散式长租公寓供给数量

增加分散式长租公寓供给数量不仅是对市场需求的积极响应，

也是构建多元化、多层次住房租赁体系的重要一环。鉴于分散式长租公寓对普通租赁住房租金价格的抑制作用，政府应从政策层面出发，通过精心设计税收优惠政策和金融支持方案，为长租机构提供强有力的激励。在税收方面，可以针对分散式长租公寓的运营特点，制定差异化的税收政策，如减免房产税、增值税等，降低长租机构的经营成本，提高其扩大供给的积极性。同时，还可以探索建立税收返还机制，根据长租机构提供的房源数量和质量给予相应的税收奖励，进一步激发市场活力。在金融方面，政府应加强与金融机构的合作，创新金融产品与服务，为长租机构提供低成本的融资渠道。例如，可以推动设立长租公寓专项贷款，为符合条件的长租机构提供低利率、长期限的贷款支持；还可以鼓励保险公司等进入长租市场，为长租机构提供稳定的资金来源。通过这些金融政策的支持，长租机构将有更多的资金用于收购、改造和运营分散式长租公寓，增加市场供给。此外，政府还应加强与房地产开发商、物业公司等市场主体的合作，引导其将部分空置房源转化为分散式长租公寓，通过提供政策指导、协调解决改造过程中的问题等方式，促进这些房源的有效利用和快速入市。最后，可以鼓励居民将所有住房的闲置房间出租给长租机构进行统一管理和运营，既能增加市场供给，也能提高住房的利用效率。

（三）发挥分散式长租公寓的社区更新功能

第一，政府应建立一套全面而科学的社区环境质量评价体系。这一体系应涵盖社区的基础设施状况、绿化环境、公共服务设施、治安状况、居民满意度等多个维度，通过定期评估与监测，准确把握各社区的环境质量现状及其变化趋势。同时，鼓励居民、社区组织、长租机构等多方参与评价过程，确保评价结果的客观性与公正性。第二，为了实现对社区内闲置住房与租赁住房的有效管理，政府应构建社区闲置住房、租赁住房动态管理信息系统。该系统应集成大数据分析、云计算等先进技术，实时收集并分析社区内的房源信息、租赁状况、租客需求等数据，为政府决策提供有力支持。同时，通过信息共享与互联互通，促进长租机构与社区、住房所有者之间的有效对接，提高房源利用率。基于社区环境评价结果和住房动态管理信息，政府可以精准施策，通过税收优惠、财政补贴、低息贷款等有效的金融手段，降低长租机构获取房源的成本，鼓励其将更多的目光投向老旧社区，特别是那些具有更新改造潜力的区域。这样一来，长租机构在追求经济效益的同时，也会积极参与到社区的更新改造中来，通过对老旧住房的翻新、装修和智能化升级，提升居住品质，改善社区环境。

第三节　研究不足及展望

随着我国脱贫攻坚战取得全面胜利，"衣食住行"已成为人民生活保障的重要组成部分。在这个背景下，"住"成为人们最关注的民生问题之一，尤其是面对不断攀升的房价，住房问题显得尤为突出。长租公寓的出现，既顺应了我国的国情和市场需求，也响应了"租购并举"的政策号召。它具有广阔的发展前景，对解决当前住房问题具有积极的意义。然而，虽然长租公寓可作为政府调控房地产市场的重要抓手之一，能够带来积极的正向影响，但在实践过程中也存在着一些问题。首先，在推进长租公寓项目实施的过程中会出现渠道狭窄、运营成本高、收益低、周期长等融资难题[144]。其次，有学者提出集中式长租公寓管理上会出现如甲醛、押金、倒闭等问题。从需求端来看，集中式长租公寓通常需要签订长期合约，这可能会导致在某些情况下租客无法提前终止合约。最后，集中式长租公寓通常位于市中心或者商业中心区域，这意味着租客可能需要较长的通勤时间或者较高的交通费用。虽然也有学者提出了健全融资模式和提高行业管理规范的具体建议，但是对于刚踏入集中式长租公寓领域的政府和企业来说，还有很长的路要走。

　　未来研究可以从如下几个方面做进一步的完善。首先，应该鼓励未来研究的广度和深度。我国地域辽阔，各地经济、社会、政治和人文环境等方面存在着差异，不同省市之间的长租公寓市场也各有特点。本研究基于一个一线城市，尽管具有一定代表性，但并不足以代表全国情况。因此，未来可以选择更多城市作为研究对象，采用多样化的研究方法，从多个角度对长租公寓的影响进行全面分析。此外，还可以将研究样本扩大至全国大中城市。随着城市数量的增加，城市之间的边界接触情况将更加频繁，因此可以考虑使用邻接空间权重矩阵对样本进行更为细致的分析。

　　其次，在关于住房项目溢出效应的研究中，对辐射范围的大小尚未形成一致结论，因此对"周边"的界定还需要找到一种更为严谨有效的模型来进行度量。

　　最后，长租公寓和周边社区房价之间可能会存在反向因果关系，由于影响房价的因素很多，研究中使用的模型不能穷尽囊括所有变量，模型的精度会受到一定的影响，因而在今后的研究中有必要增加模型的变量，扩大样本数据，做更深入的探究，以期获得更准确的结论，也可以通过使用工具变量来进行进一步的控制。总体来说，本研究首次使用了微观数据的同时检验了集中式长租公寓对周边社区房价的影响，不仅证实了长租公寓和周边社区住房价格之间的联系，而且强调了长租公寓空间外部性的重要性。

参考文献

[1] 国家统计局.第七次全国人口普查公报［EB/OL］.［2021-05-21］. https://www.gov.cn/guoqing/2021-05/13/content_5606149.htm.

[2] Zhang X. X. Housing Rental Incentive and Development Empirical Analysis from the Perspective of Financial Decentralization[J]. Discrete Dynamics in Nature and Society, 2021, 2021(08): 2021.

[3] 刘刚，孙毅.租售比失衡与租金调控矛盾：政策调控如何权衡——来自国内外的观察与思考［J］.西南金融，2022，43（02）：42-53.

[4] 卫兴华.《资本论》的现代指导意义——从洪银兴等《〈资本论〉的现代解析》说起［J］.南京大学学报（哲学.人文科学.社会科学版），2006，52（02）：23-30.

[5] 吴兆华.房地产商品的价格探讨［J］.理论与改革，1994，7（06）：19-21.

[6] 王辉龙.房地产价值构成与价格分解——对房地产价格泡沫的政治经济学考察［J］.社会科学辑刊，2009，40（3）：83-86.

[7] 涂锦，蒋宛晨，冷正兴.我国城市房价影响因素的差异化研究——基于成都市二手房市场大数据的分析［J］.价格理论与实践，2021，41（10）：75-78.

[8] 张望舒，马立平.城市二手房价格评估方法研究——基于Lasso-

GM-RF 组合模型对北京市二手房价格的分析 [J]. 价格理论与实践，2020，40（09）：172-175；180.

[9] Thünen J. H. v. Der IsolierteStaat in Beziehung auf Landwirtschaft und Nationalo konomie[M]. German: Commercial Press, 1997.

[10] Weber A., Friedrich C. J. Alfred Weber's Theory of the Location of Industries[M]. Chicago: University of Chicago Press, 1929.

[11] ［德］沃尔特·克里斯塔勒. 德国南部中心地原理 [M]. 常正文，王中兴译，北京：商务印书馆，2010.

[12] 郭文刚，崔新明，温海珍. 城市住宅特征价格分析：对杭州市的实证研究 [J]. 经济地理，2006，26（S1）：172-175；187.

[13] Panzera D., Postiglione P. The Impact of Regional Inequality on Economic Growth: A Spatial Econometric Approach[J]. Regional Studies, 2022, 56(05): 687-702.

[14] Chang Z., Zheng L. High-speed Rail and the Spatial Pattern of New Firm Births: Evidence from China[J]. Transportation Research Part A: Policy and Practice, 2022, 155(03): 373-386.

[15] 牛树海，杨梦瑶. 中国区域经济差距的变迁及政策调整建议 [J]. 区域经济评论，2020，36（02）：37-43.

[16] 杨振，朱虎啸，王晓筱，等. 江苏省区域经济发展空间格局及影响因素的多尺度效应分析 [J]. 湖南师范大学自然科学学报，2024，68（01）：114-123.

[17] Liu S., Xue L. The Spatio-temporal Heterogeneity of County-level Economic Development and Primary Drivers Across the Loess Plateau, China[J]. Journal of Geographical Sciences, 2021, 31(03): 423-436.

[18] 崔敬. 新视角下宏观区位论的发展研究 [J]. 中国城市经济，2011，

14（27）：242；244.

[19] 徐梅. 当代西方区域经济理论评析［J］. 经济评论，2002，14（03）：74-77.

[20] 王兴中，秦瑞英，何小东，等. 城市内部生活场所的微区位研究进展［J］. 地理学报，2004，71（S1）：125-131.

[21] 戴豪成，冯友建. 基于空间计量模型的商铺租金影响因素空间异质性分析——以杭州市为例［J］. 浙江大学学报（理学版），2023，50（01）：96-107.

[22] Wu. Y, Lee C. C. Geographic Proximity and Corporate Investment Efficiency: Evidence from High-speed Rail Construction in China[J]. Journal of Bank & Finance, 2022, 140: 106510.

[23] 刘宣，黄江明，赵冠华. 基于机器学习方法的城市社区尺度商铺租金空间布局分析［J］. 中国土地科学，2021，35（03）：49-57.

[24] 唐红涛，刘亦鹏，吴忠才. 基于 POI 数据的房价影响因素空间异质性分析——以长沙市为例［J］. 城市问题，2021，40（02）：95-103.

[25] Qiu W., Zhang Z., Liu X., et al. Subjective or Objective Measures of street Environment, Which Are More Effective in Explaining Housing Prices?[J]. Landscape and Urban Planning, 2022, 221: 104358.

[26] 赵伟，钟满. 城中村对周边商品住房租金的影响及空间效应［J］. 城市问题，2023，42（08）：54-62.

[27] 罗琳，杨喜平，李继园. 西安市二手房价格的影响因素及空间异质性［J］. 地域研究与开发，2023，42（04）：57-63.

[28] Nursoleh N. Location Analysis of Interest in Buying Housing in South Tangerang City[J]. Akademik: Jurnal Mahasiswa Ekonomi & Bisnis，2022, 2(01): 35-42.

[29] Smith A. An Inquiry into the Nature and Causes of the Wealth of Na-

tions[M]. Oxford: Clarendon Press, 2016.

[30] Ricardo D. On the Principles of Political Economy and Taxation[M]. Cambridge: Cambridge University Press, 2015.

[31] 徐德云. 帕累托最优的唯一性与福利定理的修正 [M]. 北京：经济科学出版社，2017.

[32] 叶乔刘. 基于供求关系的中国北京住房价格研究 [J]. 经济管理研究，2021，3（3）：60-62.

[33] 贾丽虹. 外部性理论及其政策边界 [D]. 华南师范大学，2003.

[34] 庇古. 福利经济学 [J]. 社会福利（理论版），2015，4（06）：2.

[35] 徐桂华，杨定华. 外部性理论的演变与发展 [J]. 社会科学，2004，26（03）：26-30.

[36] 沈满洪，何灵巧. 外部性的分类及外部性理论的演化 [J]. 浙江大学学报（人文社会科学版），2002，48（01）：152-160.

[37] 魏程琳，钟晓华. 空间再组织：城乡接合部闲置农房产权整合与社会有效治理——上海农房再利用案例研究 [J]. 中国农村经济，2022（04）：23-41.

[38] 包振宇，王思锋. 旅游城市住宅市场负外部性及其矫正策略研究 [J]. 人文地理，2011，26（02）：150-153；160.

[39] Feng X., Humphreys B. Assessing the Economic Impact of Sports Facilities on Residential Property Values: A Spatial Hedonic Approach[J]. Journal of Sports Economics, 2018, 19(2): 188-210.

[40] Davison G., Legacy C., Liu E., et al. Understanding and Addressing Community Opposition to Affordable Housing Development[R]. Australian Housing and Urban Research Institute, 2013.

[41] Strachota R. J., Shenehon H. E. Market Rent vs. Replacement Rent: Is Rent Control the Solution?[J]. The Appraisal Journal, 1983, 51(01): 89-95.

[42]   Hussain T., Abbas J., Wei Z., et al. The Effect of Sustainable Urban Plan-
ning and Slum Disamenity on the Value of Neighboring Residential Prop-
erty: Application of the Hedonic Pricing Model in Rent Price Appraisal[J].
Sustainability, 2019, 11(4): 1144.

[43]   Turnbull G. K., Zahirovic-Herbert V. The Transitory and Legacy Effects
of the Rental Externality on House Price and Liquidity[J]. The Journal of
Real Estate Finance and Economics, 2012, 44(3): 275-297.

[44]   Robert J. G., Zahirovic-Herbert V. The Influence of Privately Initiated Re-
Zoning on Housing Prices[J]. International Journal of Housing Markets
and Analysis, 2021, 15(03): 592-612.

[45]   Liu Z., Cao J., Xie R., et al. Modeling Submarket Effect for Real Estate
Hedonic Valuation: A Probabilistic Approach[J]. Ieee Transactions on
Knowledge and Data Engineering, 2021, 33(07): 2943-2955.

[46]   Chun Y., Pierce S. C., Van Leuven A. J. Are Foreclosure Spillover Effects
Universal? Variation over Space and Time[J]. Housing Policy Debate,
2021, 31(6): 924-946.

[47]   Baumont C. Spatial Effects of Urban Public Policies on Housing Values[J].
Papers in Regional Science, 2009, 88(2): 301-326.

[48]   Koschinsky J. Spatial Heterogeneity in Spillover Effects of Assisted and
Unassisted Rental Housing[J]. Journal of Urban Affairs, 2009, 31(03): 319-
347.

[49]   Schwartz A. E., Ellen I. G., Voicu I, et al. The External Effects of Place-
based Subsidized Housing[J]. Regional Science and Urban Economics,
2006, 36(06): 679-707.

[50]   Cai Y., Zhu Y., Yuan F., et al. Urban Housing Prices and Regional Integra-

tion: A Spatial Analysis in the CIty of Kaifeng, China[J]. Applied Spatial Analysis and Policy, 2021, 14: 355-378.

[51] 刘贵文，周求章，黄娟. 城市更新对住房价格影响的时空异质效应研究——基于深圳的实证分析 [J]. 建筑经济，2021，42（09）：72-77.

[52] Pollakowski H. O., Ritchay D., Weinrobe Z. Effects of Mixed-income, Multi-family Rental Housing Developments on Single-family Housing Values[M]. Boston: Center for Real Estate, Massachusetts Institute of Technology, 2005.

[53] Brunes F., Hermansson C., Song H. S., et al. NIMBYs for the Rich and YIMBYs for the Poor: Analyzing the Property Price Effects of Infill Development[J]. Journal of European Real Estate Research, 2020, 13(01).

[54] Kim H., Kwon Y., Choi Y. Assessing the Impact of Public Rental Housing on the Housing Prices in Proximity: Based on the Regional and Local Level of Price Prediction Models Using Long Short-Term Memory (LSTM)[J]. Sustainability, 2020, 12(18): 7520.

[55] Souza Briggs X., Darden J. T., Aidala A. In the Wake of Desegregation: Early Impacts of Scattered-site Public Housing on Neighborhoods in Yonkers, New York[J]. Journal of the Planing Association, 1999, 65(01): 27-49.

[56] Anna S., Peter T. Assessing the Property Value Impacts of the Dispersed Housing Subsidy Program in Denver[J]. Journal of Policy Analysis and Management, 2001, 20(01): 65-88.

[57] Schill M. H., Ellen I. G., Schwartz A. E., et al. Revitalizing inner City Neighborhoods: New York City's Ten Year Plan[J]. Housing Policy De-

bate, 2002, 13(03): 529-566.

[58] Hyun D., Milcheva S. Spatio-temporal Effects of an Urban Development Announcement and Its Cancellation on House Prices: A Quasi-Natural Experiment[J]. Journal of Housing Economics, 2019, 43: 23-36.

[59] Chen W., Wei Z., Xie K. The Battle for Homes: How Does Home Sharing Disrupt Local Residential Markets?[J]. Management Science, 2022, 68(12): 8589-8612.

[60] Barron K., Kung E., Proserpio D. The Sharing Economy and Housing Affordability: Evidence from Airbnb[C]. Proceedings of the 2018 ACM Conference on Economics and Computation. Association for Computing Machinery, 2018: 1-5.

[61] Sheppard S., Udell A. Do Airbnb Properties Affect House Prices[J]. Williams College Department of Economics Working Papers, 2016, 3(01): 43.

[62] Hong S. J., Lee C-M. The Influence of Shared Accommodation on Housing Rent[J]. Korea Real Estate Review, 2022, 32(01): 55-71.

[63] 庞宇翔. 分散式长租公寓对住房租赁市场的影响及规范管理研究 [D]. 清华大学, 2019.

[64] Mu L., Qin X., Wang Y. Dynamic Analysis of the Rental Prices of Long-rental Apartments and Ordinary Rental Housing Based on the Impact of Long-Rental Apartment Enterprises' Competitive Behaviors[J]. Discrete Dynamics in Nature and Society, 2021, 2021: 1-12.

[65] 彭紫薇. 上海市长租公寓空间分布特征及对住房租金的影响 [D]. 江西财经大学, 2021.

[66] Liu G., Zhang G. Impact of Decentralized Long-term Rental Apartments on the Value of Community Housing—Taking Tianjin, China, as An Ex-

ample[J]. International Journal of Housing Markets and Analysis, 2023.

[67] 张小富. 我国新派与美国 EQR 长租公寓 REITs 对比分析与建议 [J]. 建筑经济，2020，41（05）：99-103.

[68] Choi h. A Study on the Innovation of Rebranding Strategies : With a Focus on Apartment Brand Identities[J]. Journal of Corporation and Innovation, 2022, 45(04): 135-152.

[69] Blank R. M. Social Protection vs. Economic Flexibility: Is There a Tradeoff?[M]. Chicago: University of Chicago Press, 2009.

[70] Yang T., Da Huo D., Choy L. H., et al. The Impact of Measurement and Pricing Cost on Rental Transaction Prices—Evidence from the Institutional Rental Housing Market in Beijing[J]. The Journal of Real Estate Finance and Economics, 2023, 66(01): 119-140.

[71] Zhao Y. Deep Learning for Sentiment and Event-driven REIT Price Dynamics[D]. Massachusetts Institute of Technology, 2020.

[72] Baba H., Shimizu C. The Impact of Apartment Vacancies on Nearby Housing Rents over Multiple Time Periods: Application of Smart Meter Data[J]. International Journal of Housing Markets and Analysis, 2022.

[73] Razavi R., Gharipour A., Fleury M., et al. Occupancy Detection of Residential Buildings Using Smart Meter Data: A Large-scale Study[J]. Energy and Buildings, 2019, 183: 195-208.

[74] Nachuch, J. S. A Web-based Rental Property Management System for Oreteti Apartment [R]. Strathmore University, 2021.

[75] 邵必林，程程. 基于需求理论的长租公寓运营管理质量评价 [J]. 建筑经济，2020，41（12）：96-99.

[76] 李画儿，刘青，黄文炜. 青年长租公寓使用后评价及建设、运营阶

段改进建议——以广州优家（YOU+）国际青年社区为例 [J]. 建筑经济，2020，41（11）：115-120.

[77] 谢晟. 美国长租公寓融资模式及对我国的启示 [J]. 中国房地产，2018（14）：55-58.

[78] 李嘉. "租住同权"背景下基于信托制度的长租公寓融资模式 [J]. 贵州社会科学，2018（7）：116-124.

[79] 张小富. 我国新派与美国 EQR 长租公寓 REITs 对比分析与建议 [J]. 建筑经济，2020，41（05）：99-103.

[80] Zhao, Y. Deep learning for Sentiment and Event-driven REIT Price Dynamics [D]. Massachusetts Institute of Technology, 2020.

[81] 陈冰，范薛杭，李心语. 长租公寓 REITs+PPP 融资模式探究 [J]. 商展经济，2022（9）：92-98.

[82] Peng Z., Inoue R. Specifying Multi-scale Spatial Heterogeneity in the Rental Housing Market: The Case of the Tokyo Metropolitan Area [C]. GIScience 2021 Short Paper Proceedings, 2021.

[83] Herath, S., Choumert J., Maier G. The Value of the Greenbelt in Vienna: A Spatial Hedonic Analysis [J]. The Annals of Regional Science, 2015, 54(2): 349-374.

[84] Rahman, M. M., Hossain T., Chowdhury M. R. H., et al. Effects of Transportation Accessibility on Residential Housing Rent: Evidence from Metropolitan City of Khulna, Bangladesh [J]. Journal of Urban Planning and Development, 2021, 147(2): 04021009.

[85] Razavi R., Gharipour A., Fleury M., et al. Occupancy Detection of Residential Buildings Using Smart Meter Data: A Large-scale Study [J]. Energy and Buildings, 2019, 183(1): 195-208.

[86] Li J., Guo M., Lo K. Estimating Housing Vacancy Rates in Rural China Using Power Consumption Data [J]. Sustainability, 2019, 11(20): 5722.

[87] Baba H., Shimizu C. The Impact of Apartment Vacancies on Nearby Housing Rents over Multiple Time Periods: Application of Smart Meter Data [J]. International Journal of Housing Markets and Analysis, 2022.

[88] 喻燕. 长租公寓租赁价格特征因素及其重要性研究——以深圳市 600 家长租公寓为例 [J]. 理论月刊, 2020（10）：73-79.

[89] 杨高，刘柳颖，周春山. 广州长租公寓租赁意向的影响机制——基于计划行为理论的扎根研究 [J]. 热带地理, 2021, 41（03）：562-572.

[90] 朱红章，魏子繁. 基于随机森林模型的长租公寓租金定价评估研究 [J]. 建筑经济, 2021, 42（06）：99-102.

[91] Mu, L., Qin X., Wang Y. Dynamic Analysis of the Rental Prices of Long-rental Apartments and Ordinary Rental Housing Based on the Impact of Long-rental Apartment Enterprises' Competitive Behaviors [J]. Discrete Dynamics in Nature and Society, 2021:8841184.

[92] 苏州都市网. 长租公寓能否解决传统租房的弊端？[EB/OL]. [2018-09-06]. https://www.szdushi.com.cn/news/201809/153619304569153. shtml.

[93] 孙倩，汤放华. 基于空间扩展模型和地理加权回归模型的城市住房价格空间分异比较 [J]. 地理研究, 2015, 34（07）：1343-1351.

[94] Anselin L. Spatial Externalities, Spatial Multipliers, and Spatial Econometrics[J]. International Regional Science Review, 2003, 26(02): 153-166.

[95] Vom Hofe R., Mihaescu O., Boorn M. L. Are Homeowners Willing to Pay More for Access to Parks? Evidence from a Spatial Hedonic Study of the

Cincinnati, Ohio, USA park system[J]. Journal of Regional Analysis and Policy, 2017, 48(3): 66-82.

[96] 唐文彬，张飞涟，颜红艳，等．城市轨道交通对沿线住宅价值影响的空间效应［J］. 湖南科技大学学报（社会科学版），2013，16（06）：96-100.

[97] Ma L., Liu C. Do Spatial Effects Drive House Prices away from the Long-run Equilibrium?[J]. Pacific Rim Property Research Journal, 2014, 20(01): 13-29.

[98] Hu J., Xiong X., Cai Y., et al. The Ripple Effect and Spatiotemporal Dynamics of Intra-urban Housing Prices at the Submarket Level in Shanghai, China[J]. Sustainability, 2020，12(12): 5073.

[99] 崔娜娜，古恒宇，沈体雁．北京市住房价格和租金的空间分异与相互关系［J］. 地理研究，2019，38（06）：1420-1434.

[100] 徐丹萌，李欣，张苏文．沈阳市住房价格空间分异格局及其影响因素研究［J］. 人文地理，2021，36（06）：125-134.

[101] 赵梓渝，王雪微，王士君．长春市住宅价格空间分异与影响因素研究［J］. 人文地理，2019，34（04）：97-105；125.

[102] 吴启睿，贾士军，边艳．基于 GWR 模型的广州市住宅价格影响因素研究［J］. 工程管理学报，2021，35（03）：147-152.

[103] 宋雪娟，卫海燕，王莉．西安市住宅价格空间结构和分异规律分析［J］. 测绘科学，2011，36（02）：171-174.

[104] 刘欣，章婖娓．扬州市城市住宅价格空间分异影响因素及作用机制［J］. 地域研究与开发，2023，42（04）：70-75.

[105] 申犁帆，龙雨，田莉，等．空间异质性视角下公共服务设施对大城市住房租金的影响——基于一种机器学习改进方法的实证研

究［J］.中国土地科学，2023，37（12）：67-79.

[106] 纪宇凡，戴靓，丁子军，等.城市二手房价格的影响因素及其空间效应——基于MGWR模型对南京的实证［J］.资源开发与市场，2022，38（07）：777-783；896.

[107] 陈小亮，陈衍，王兆瑞，等.城市间房价分化的影响因素研究［J］.经济理论与经济管理，2024，44（02）：49-64.

[108] 伏润得，杨德刚，靳传芬，等.城市住宅价格空间分异研究进展与述评——基于Citespace的计量分析［J］.中国科学院大学学报，2021，38（06）：782-790.

[109] Salvati L., Sateriano A., Grigoriadis E. Crisis and the City: Profiling Urban Growth Under Economic Expansion and Stagnation[J]. Letters in Spatial and Resource Sciences, 2016, 9(03): 329-342.

[110] 王国力，杨士莹，陶拓抒.济南市房地产业与区域经济协调发展研究［J］.辽宁师范大学学报（自然科学版），2021，44（04）：530-539.

[111] Rosen S. Hedonic Prices and Implicit Markets: Product Differentiation in Pure Competition[J]. Journal of Political Economy, 1974, 82(01): 34-55.

[112] Lancaster K. J. A New Approach to Consumer Theory[J]. Journal of Political Economy, 1966, 74(02): 132-157.

[113] Wei C., Fu M., Wang L., et al. The Research Development of Hedonic Price Model-based Real Estate Appraisal in the era of Big Data[J]. Land-Basel, 2022, 11(3): 334.

[114] McGreal S., Taltavull de La Paz P. Implicit House Prices: Variation over Time and Space in Spain[J]. Urban Studies, 2013, 50(10): 2024-2043.

[115] Randeniya T. D., Ranasinghe G., Amarawickrama S. A Model to Esti-

mate the Implicit Values of Housing Attributes by Applying the Hedonic Pricing Method[J]. International Journal of Built Environment and Sustainability, 2017, 4(02): 113-120.

[116] Kim J. J., Cho M. J., Lee M. H. An Analysis of the Price Determinants of Multiplex Houses through Spatial Regression Analysis[J]. Sustainability, 2022, 14(12): 7116.

[117] McMillen D. P. Changes in the Distribution of House Prices over Time: Structural Characteristics, Neighborhood, or Coefficients?[J]. Journal of Urban Economics, 2008, 64(03): 573-589.

[118] Xu S., Zhang Z. Spatial Differentiation and Influencing Factors of Second-hand Housing Prices: A Case Study of Binhu New District, Hefei City, Anhui Province, China[J]. Journal of Mathematics, 2021: 8792550.

[119] Osland L. An Application of Spatial Econometrics in Relation to Hedonic House Price Modeling[J]. Journal of Real Estate Research, 2010, 32(03): 289-320.

[120] Bourassa S.C., Cantoni E., Hoesli M. Spatial Dependence, Housing Submarkets, and House Price Prediction[J]. The Journal of Real Estate Finance and Economics, 2007, 35(2): 143-160.

[121] Bowen W. M., Mikelbank B. A., Prestegaard D. M. Theoretical and Empirical Considerations Regarding Space in Hedonic Housing Price Model Applications[J]. Growth Change, 2001, 32(04): 466-490..

[122] Daneshvary N., Clauretie T. M. Toxic Neighbors: Foreclosures and Short-Sales Spillover Effects from the Current Housing-market Crash[J]. Econ Inq, 2012, 50(01): 217-231.

[123] Jun H-J. The Spatial Dynamics of Neighborhood Change: Exploring

Spatial Dependence in Neighborhood Housing Value Change[J]. Housing Studies, 2017, 32(06): 717-741.

[124] Fik T. J., Ling D. C., Mulligan G. F. Modeling Spatial Variation in Housing Prices: A Variable Interaction Approach[J]. Real Estate Economics, 2003, 31(04): 623-646.

[125] 李颖丽, 刘勇, 刘秀华. 重庆市主城区住房价格影响因子的空间异质性 [J]. 资源科学, 2017, 39（02）: 335-345.

[126] Brasington D. M, Hite D. Demand for Environmental Quality: A Spatial Hedonic Analysis[J]. Regional SCience and Urban Economics, 2005, 35(01): 57-82.

[127] 周亮锦, 夏恩君. 国外房价影响因素研究综述 [J]. 技术经济, 2018, 37（12）: 111-119.

[128] CBRE. 中国长租公寓投资报告 [EB/OL]. [2022-11-02]. https://mktgdocs.cbre.com/2299/4b576899-8301-4cd9-a59b-95ce8f3746b0-1914720611/China_20Multifamily_20Investme.pdf.

[129] Yu J., Hu H. Research on Externality of Housing Consumption and Its Governance[J]. Urban Problems, 2008, 152(03): 97-101.

[130] Ihlanfeldt K., Yang C. F. Not in My Neighborhood: The Effects of Single-family Rentals on Home Values[J]. Journal of Housing Economics, 2021, 54: 101789.

[131] Schwartz A. E., Ellen I. G., Voicu I., et al. The External Effects of Place-based Subsidized Housing[J]. Regional Science and Urban Economics, 2006, 36(06): 679-707.

[132] Simons R., Quercia R., Levin I. The Value Impact of New Residential Construction and Neighborhood Disinvestment on Residential Sales Price[J]. J Real Estate Res, 1998, 15(02): 147-161.

[133] Casetti E. Generating Models by the Expansion Method: Applications to Geographical Research[J]. Journal of Geometric Analysis, 1972, 04(01): 81-91.

[134] Zhang H., Jinjun M. A., Kong P. Real Estate Cycles Based on Dynamic Econometrics Model[J]. Journal of Tsinghua University Science and Technology, 2007, 47(12): 2111-2118.

[135] Yang H. Understanding the Rise of Evolutionary Economics Discussion on the Status Quo and Future Developments of Evolutionary Economics[J]. Economist, 2008, 20(01): 25-31.

[136] Jun M. J., Kim H. J. Measuring the Effect of Greenbelt Proximity on Apartment Rents in Seoul[J]. Cities, 2017, 62(03): 10-22.

[137] Wang J. The Economic Impact of Special Economic Zones: Evidence from Chinese Municipalities[J]. Jounal of Development Economics, 2013, 101: 133-147.

[138] 郭峰, 熊瑞祥. 地方金融机构与地区经济增长——来自城商行设立的准自然实验 [J]. 经济学（季刊）, 2018, 17（01）: 221-246.

[139] Zhao B. B., Su R. Determinants of the Heavily Right-tailed Residential Housing Price in Tianjin[J]. Journal of Applied Statistics, 2021, 48(08): 1457-1474.

[140] Shenglan C., Hui M. Short Selling Pressure and Corporate Mergers and Acquisitions Quasi-natural Experimental Evidence from Short Selling Deregulation[J]. Management World, 2017, 33(07): 142-156.

[141] 张明, 王巧瑜, 张鹭, 等. 国家高新区提升了城市绿色全要素生产率了吗?——基于空间 DID 方法 [J]. 系统工程理论与实践, 2023, 43（09）: 1-16.

[142] 陆菁，鄢云，王韬璇.绿色信贷政策的微观效应研究——基于技术创新与资源再配置的视角 [J].中国工业经济，2021，39（01）：174-192.

[143] De U.K., Vupru V. Location and Neighbourhood Conditions for Housing Choice and Its Rental Value: Empirical Examination in an Urban Area of North-East India[J].International Journal of Housing Markets and Analysis, 2020, 10(4):519-538.

[144] Liang R., Tang Y. Tiebout Model and the Provision of Local Public Goods: An Empirical Study on Chinese Housing Price[J]. The Journal of World Economy, 2008, 31(10): 71-83.